DAR

Claudio Blanc

WIN
A Revolução da Evolução

**A HISTÓRIA
DA DESCOBERTA
MAIS INCRÍVEL
DA CIÊNCIA**

GURI

O homem de Darwin © 2023
Escrito por Claudio Blanc
1ª edição — julho de 2023

Editora e Publisher
Fernanda Emediato

Capa, Projeto Gráfico e Diagramação
Alan Maia

Revisão
Fernanda França

As imagens, fotos e pinturas utilizadas neste livro estão em domínio público e foram obtidas do site commons.wikimedia.org

DADOS INTERNACIONAIS DE CATALOGAÇÃO NA PUBLICAÇÃO (CIP)
(CÂMARA BRASILEIRA DO LIVRO, SP, BRASIL)

Blanc, Claudio
  Darwin a revolução da evolução : a história da descoberta mais incrível da ciência / Claudio Blanc. -- 1. ed. -- São Paulo, SP : Tristão Editora, 2023.
  192 p. : il. : 13,5cm x 20,5cm.

  Bibliografia.
  ISBN: 978-65-85622-24-0 (Impresso)
  ISBN: 978-65-85622-18-9 (Digital)

  1. Biografias 2. Biografia - Literatura infantojuvenil 3. Darwin, Charles, 1809-1882 I. Título.

23-164557   CDD-028.5

Índice para catálogo sistemático:

1. Biografia : Literatura infantil 028.5
2. Biografia : Literatura infantojuvenil 028.5

Tábata Alves da Silva - Bibliotecária - CRB-8/9253

Todos os direitos desta edição reservados
Tristão Editora Ltda
Rua Joaquim Floriano, 466 – Sala 2401
Itaim Bibi – SP – CEP: 04534-002
contato@editoratristaofernandes.com.br

Impresso no Brasil
Printed in Brazil

Sumário

Apresentação 9

A Viagem
1. O Beagle 15
2. O Brasil de Charles Darwin 39

A Evolução da Teoria
3. Prelúdio a uma Ideia 63
4. A Origem das Espécies 71

A Revolução das Ideias
5. Uma Nova Cosmovisão 91
6. O Debate 103

O Homem de Darwin
7. A Evolução Futura do Ser Humano 123

Contextualização

Darwinismo Social 152
Eugenia 157
Racismo 165
Esterilização 168
Linha do Tempo de Charles Darwin 171
Acesso a conteúdos extras 178

Sobre o Autor 181
E-Referências 185
Referências 187

Apresentação

Nas últimas décadas, o conhecimento científico avançou mais do que em todo o período anterior. A tecnologia permite, hoje, que a humanidade realize feitos antes imaginados apenas nas mais ousadas fantasias. Essa jornada começou no século XVI, com Galileu Galilei, dando início à chamada Revolução Científica, e transformou a visão de mundo sobre o qual nossas crenças se estruturavam. A partir de então, os conhecimentos são apenas considerados corretos depois de confirmados pela experiência e pela razão, surgindo assim o método experimental ou científico. Paulatinamente, a ciência, que até então estava atrelada à teologia, separa-se desta, demonstrando ser um saber mais estruturado e prático, contradizendo, em muitos casos, a visão teológica. Por conta disso, houve reações por vezes radicais por parte do clero e dos fiéis. Desse modo, ainda hoje, apesar de a humanidade se beneficiar da ciência em todas as áreas de desenvolvimento, continuam a grassar superstições que atrasam o gênero humano e impedem o desenvolvimento individual há milênios.

Nas duas primeiras décadas do século XXI, com a maior velocidade do avanço científico, despontaram, paradoxalmente, movimentos negacionistas que rejeitam descobertas da ciência e celebram antigas crenças como se fossem verdadeiras e absolutas. Nesse cenário, beneficiando-se da ambiguidade, misósofos e políticos inescrupulosos usam o elemento emocional e identitário envolvido nas crenças e difundem ideologias infundadas para influenciar as massas e promover seus interesses.

Esse embate entre ciência e senso comum e entre ciência e religião tem persistido desde Galileu Galilei e continua até nossos dias. Muitos cientistas, filósofos e escritores foram acossados e perseguidos por propor uma nova visão de mundo, mais próxima da verdade, mas que contradizia a religião e o senso comum. Muitas foram as polêmicas. Poucas, porém, geraram tanta rejeição, controvérsia e contenda — e por tanto tempo — como a descoberta da Lei da Evolução, por Charles Darwin, na primeira metade do século XIX.

A descoberta da origem das espécies é considerada por muitos como a mais importante da história da ciência. Entretanto, ao demonstrar os mecanismos da gênese e da evolução dos seres vivos, Charles Darwin contradisse as Escrituras e questionou o papel de Deus enquanto criador. Sua teoria, hoje comprovada, contrariava as explicações para a origem do mundo e da vida contidas na Bíblia. Mais que isso, propunha que o Homem não tinha sido criado à "imagem e semelhança de Deus", mas descendia de animais, de um antropoide semelhante ao gorila e ao chimpanzé. O Homem era o "Macaco de Darwin" — conforme ridicularizaram seus detratores. O próprio Darwin tinha consciência do impacto que a evidenciação da origem das espécies traria ao propor uma nova cosmovisão, tirando o Homem do centro do universo, da condição de filho privilegiado de Deus, e o transformando num animal como outro qualquer — um animal pensante, mas ainda assim um animal.

Ao mesmo tempo, a descoberta produziu interpretações radicais de aplicação social, de busca de melhorar as populações e as raças por meio de técnicas quase sempre com repercussões cruéis e desastrosas. Teses que foram aplicadas sem sucesso para se criar o "Homem de Darwin".

Os fatos ligados à descoberta de Charles Darwin continuam a intrigar e servem de inspiração para este momento, no qual o negacionismo está promovendo um grande atraso na evolução social, assumindo um viés ideológico e se politizando.

Esta é a história dessa descoberta, do seu impacto sobre a ciência, das polêmicas que causou e da possibilidade de vislumbrarmos, ainda que hipoteticamente, o futuro da evolução humana.

Claudio Blanc,
julho de 2023

A viagem

1

O Beagle

Quando o brigue Beagle zarpou, na gelada terça-feira 27 de dezembro de 1831, para uma viagem de estudos ao redor do mundo, ninguém sonhava que aquela seria uma das expedições de maior impacto para a humanidade depois da Era dos Descobrimentos. A bordo do navio, o jovem naturalista amador Charles Darwin sequer imaginava que aquela viagem seria o começo de uma trilha científica que o levaria a descobrir um verdadeiro "Novo Mundo" em termos de conhecimentos. Apesar da pouca idade, de ter tido problemas com os estudos formais e de ter passado praticamente a viagem toda padecendo de enjoos, Darwin abraçava a oportunidade, reconhecendo nela a grande chance da sua vida.

De fato, a viagem foi fundamental, não só para a ciência, mas para aquele rapaz, até então sem ambições acadêmicas e desacreditado pela família. Conforme ele mesmo reconheceu décadas depois, a experiência do Beagle foi, realmente, "a primeira formação ou educação do meu intelecto".

A expedição de cinco anos no veleiro de levantamento e pesquisa transformou aquele jovem num cientista. As experiências ao longo do caminho o levaram a entender a origem da vida no planeta, a compreender como os seres vivos podiam mudar, ou evoluir, ao longo de um grande período. As evidências observadas, recolhidas e estudadas durante a expedição permitiram que Darwin intuísse uma teoria, a qual deflagrou uma revolução — uma revolução de ideias.

Até Darwin, a maioria dos europeus e americanos acreditava que Deus tinha criado o mundo em seis dias, como afirma a Bíblia, e cada criatura que nele habita tal e qual é hoje. Para reinar sobre elas, Deus criou o Homem, à sua imagem e semelhança. A humanidade não se via, portanto, como animais, mas como superiores. Da mesma forma como Galileu Galilei, cerca de 200 anos antes, tirou a Terra do centro do universo, Darwin depôs o Homem do centro da criação. Enquanto o cientista italiano pôs um fim ao geocentrismo, o britânico condenou o antropocentrismo. Charles Darwin sabia que suas ideias chocariam seu mundo. E elas chocaram (e ainda chocam).

Atualmente, os cientistas aceitam a evolução como fato. A genética e outras ciências provaram sua veracidade. Por isso, Charles Darwin continua sendo tão importante hoje como foi no passado.

Charles Robert Darwin nasceu em 12 de fevereiro de 1809 em uma família importante. Seu avô paterno era o conhecido médico, filósofo e poeta Erasmus Darwin (1731-1802); seu avô materno, Josiah Wedggwood (1730-1795) foi o

Charles Darwin, em 1816, com sua irmã Catherine, retratados por Ellen Sharples.

primeiro a industrializar a cerâmica e fundou uma importante fábrica de porcelana; e o pai de Charles, Robert Darwin (1766-1848) também era médico proeminente. Muito se esperava do menino — mas ele não parecia ter pressa em corresponder às expectativas.

Charles perdeu a mãe muito cedo, aos oito anos, e, juntamente com o irmão Erasmus (1804-1881) e a irmã caçula Emily Catherine (1810-1866), foi educado pelas três irmãs mais velhas Marianne (1798-1858), Caroline (1800-1888) e Susan (1803-1866). A mãe, Susannah (1765-1817), morrera de tuberculose, e as mais velhas se esforçavam para ocupar seu lugar. Foi Caroline que alfabetizou Charles, antes de ele entrar na escola regular. Mas Charles não se mostrou lá muito aplicado, fosse na escola, fosse com seus hábitos pessoais.

Em 1818, o menino foi matriculado em Shrewsbury, uma escola interna — marco do sistema educacional britânico. Charles não gostava da escola. Não gostava de estar longe dos seus e da sua casa. Logo, deu sinais de pouco interesse pelo que aprendia. Se tinha de decorar um poema, por exemplo, esquecia dois dias depois. Normalmente, Charles escapava da escola, que não era muito longe da sua casa, e só voltava ao cair da noite. Uma carta dessa época, escrita em 4 de janeiro de 1822 a um "caro amigo" não identificado, testemunha o quanto Charles era relapso. O texto, infantil e pouco elaborado, revela as convicções do garoto:

Meu caro amigo

Ela me disse que deveria fazer uma pergunta não muito decente, que era se eu me lavava todas as manhãs, não, então, ela disse que isso era nojento, daí ela me perguntou se eu me lavava a cada dois dias, não daí ela perguntou com que frequência eu me lavava, e eu disse que uma vez por semana, então ela disse, é claro que você lava seus pés todos os dias, e eu disse não, daí ela começou a falar como aquilo era nojento e continuou falando por um bom tempo, daí ela disse que eu deveria fazer isso [me lavar], eu disse que iria lavar meu pescoço e ombros, então ela falou que era melhor lavar tudo, daí eu jurei que não ia fazer aquilo, daí ela me perguntou e prometeu que não ia contar para ninguém, então eu disse que na escola eu lavava meus pés apenas uma vez por mês, o que admito ser asqueroso, mas disse que não podia fazer nada, pois não temos com que lavar, daí Caroline fingiu estar muito nauseada e saiu do quarto (...)

Robert Darwin também lamentava o pouco empenho do filho. Aluno medíocre, Charles desagradava seu pai sobremaneira. "Você não liga para nada além de caçar, de brincar com cães ou capturar ratos e será uma desgraça para você e para sua família", escreveu Robert certa vez ao filho. Ele, porém, sequer suspeitava que justamente a paixão que Charles nutria pela natureza o levaria a fazer uma das mais importantes descobertas da ciência: a evolução das espécies através da seleção natural.

Erasmus Darwin, irmão mais velho de Charles, em 1868.

Charles tinha realmente grande atração pelas coisas naturais. A família Darwin morava em uma casa ampla chamada *The Mount*, próxima ao rio Severn. Charles passava horas no grande jardim, subindo nas árvores, observando os pássaros e fazendo pequenas incursões pelos arredores. Mais que tudo, Charles era aficionado por coleções. Juntava pedras, seixos, ovos de pássaros e insetos. Em sua autobiografia, publicada postumamente em 1887, Charles registrou a que extremos chegava para aumentar suas coleções. Certa vez, estando com as duas mãos ocupadas com besouros já capturados, Charles colocou um deles na boca para poder coletar um terceiro. O inseto soltou um fluído que provocou forte ardor, e Charles cuspiu o besouro imediatamente. No final das contas, acabou ficando apenas com um dos insetos.

Aos 16 anos, Charles e seu irmão mais velho, **Erasmus**, foram enviados por Robert para Edimburgo, na Escócia, para estudar medicina. E mais uma vez a mediocridade de Charles como estudante ficou patente. Depois de assistir a duas operações, Charles descobriu que a medicina não era para ele. Conforme escreveu mais tarde: "assisti a duas operações muito terríveis, uma delas em uma criança, mas me retirei antes de elas acabarem (...) Os dois casos me assombraram por um bom ano".

Mesmo assim, em parte para agradar ao seu pai, Charles continuou a frequentar as aulas. Foi só ao final do seu segundo ano que ele confessou que não queria ser médico. Foi um choque para Robert. Suas suspeitas pareciam se confirmar: Charles traria desgraça para si e para a família. A solução que encontrou para o filho foi mandá-lo à Universidade de Cambridge para se tornar ministro da Igreja da Inglaterra. Afinal, ser ministro anglicano era uma profissão respeitável. E, como muitos deles se dedicavam ao estudo da natureza, parecia uma boa escolha para Charles.

Cambridge e o ministério foram, sem dúvida, uma escolha acertada. Na universidade, Charles tornou-se amigo de seu professor de botânica, John Stevens Henslow. A amizade mudaria a vida de Charles — e os rumos da ciência.

Charles completou seus estudos no verão de 1831, aos 22 anos. Suas perspectivas futuras eram tranquilas, quase descompromissadas. Ele ficaria encarregado de uma igreja no interior, onde faria sermões e prestaria auxílio e conselho espiritual para os membros da comunidade. No seu tempo livre, ele poderia explorar a natureza. No entanto, ainda era necessário apresentar um trabalho acadêmico para ser ordenado ministro. Charles planejava fazer isso no ano seguinte, em 1822, mas ele nunca mais voltaria a Cambridge, ao menos não como estudante.

Em agosto, Charles recebeu uma carta de seu amigo, o professor Henslow. Era o convite para a grande oportunidade de sua vida:

Cambridge, 24 de agosto de 1831.

Meu caro Darwin,
Antes de entrar no assunto imediato desta carta, permitame unir-me ao seu luto quanto à morte do nosso inestimável amigo Ramsay, cuja morte você sem dúvida tomou conhecimento muito antes desta. Não me demorarei nesse doloroso assunto, uma vez que espero vê-lo em breve, como espero que você agarre ansiosamente o convite que deve ser feito a você para uma viagem à Terra de Fogo, voltando pelas Índias Orientais — Peacock, que lerá esta e enviará a você de Londres, pediu-me que recomendasse um naturalista para ser acompanhante do capitão Fitzroy, designado pelo governo para fazer levantamentos na extremidade sul da América — e eu afirmei que considero você a pessoa mais qualificada que conheço para tal situação — com isso não quero dizer que você seja um naturalista experiente, mas sim que você é altamente qualificado para coletar amostras, observar e anotar qualquer coisa que valha a pena ser observada em termos de História Natural. Peacock está encarregado de recrutar essa pessoa e se não encontrar um homem que queira assumir a tarefa, a oportunidade provavelmente será perdida. O capitão Fitzroy (entendo eu) quer um homem mais como acompanhante do que como naturalista e não levará ninguém, não importa o quão bom

O HMS Beagle, um dos navios de pesquisa e levantamento da Grã-Bretanha, cuja missão maior era estudar o regime hídrico e mapear a costa da América do Sul.

naturalista possa ser, que não seja um cavalheiro. O que mais conta (para o capitão) é que lhe seja recomendado um gentleman.

Não sei nada sobre os particulares de salário etc. A viagem deve durar dois anos, e, se você levar livros, poderá adquirir muito, uma vez que terá muitas oportunidades à mão. Em resumo, creio que nunca houve melhor oportunidade para um homem de zelo e espírito. O capitão Fitzroy é jovem. O que eu gostaria que você fizesse é ir imediatamente à cidade e consultar Peacock (na rua Suffolk, nr. 7, Pall Mall East, ou no clube da universidade) e tome conhecimento dos detalhes. Não omita quaisquer dúvidas ou preocupações sobre suas desqualificações, pois asseguro que acho que você é exatamente o homem que eles estão à procura — então receba uma palmada no ombro do seu mau intendente e amigo afetuoso,

J.S. Henslow.

O contexto maior que envolvia o jovem tinha a ver com as ambições comerciais da Grã-Bretanha na América do Sul. Para estabelecer as melhores rotas de navegação, o almirantado enviaria um de seus navios de pesquisa e levantamento, o <u>**HMS Beagle**</u>, capitaneado pelo aristocrata (e aristocrático) Robert Fitzroy, em uma viagem cuja missão maior era estudar o regime hídrico e mapear a costa da América do Sul. A expedição também deveria corrigir a longitude do Rio de Janeiro, suspeita de estar incorreta, como de fato estava.

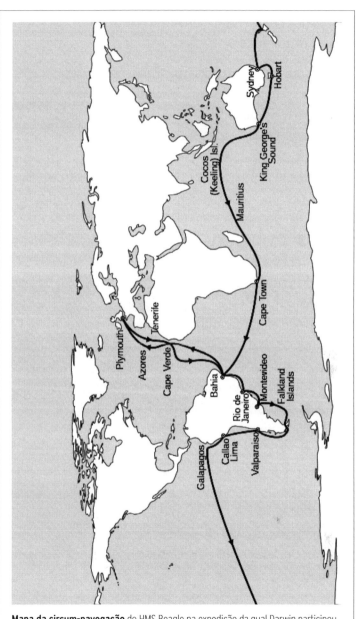

Mapa da circum-navegação do HMS Beagle na expedição da qual Darwin participou.

De quebra, seriam feitas coleções de espécimes animais e vegetais para estudos científicos a serem enviadas aos museus britânicos. A viagem teria uma duração mínima de dois anos.

Fitzroy, o primeiro em toda a história do almirantado a se graduar na Escola Naval com 100% de aproveitamento, assumira, com apenas 23 anos, o comando do navio após o suicídio de seu antecessor, o capitão Pringle Stokes, durante uma crise de depressão em 1828. Dois anos depois, quando o Beagle retornou à Inglaterra, o precoce Fitzroy já tinha estabelecido sua reputação como capitão e pesquisador. Agora, o Beagle se preparava para sua segunda viagem.

No entanto, Fitzroy temia a depressão, comum nos oficiais da marinha de então. Para manter a rígida disciplina, um capitão jamais se aproximava da marujada e mantinha o relacionamento com os oficiais o mais distante possível. O isolamento levava, muitas vezes, a reações extremas, como o suicídio do capitão Stokes. O tio de Fitzroy, o visconde de Castlereagh, cortara a garganta em 1822, também levado pela depressão. O temor de Fitzroy não era, portanto, infundado. Ele próprio cometeria suicídio em 1865, aos 59 anos. Como o tio, Fitzroy degolou-se com uma navalha.

Para evitar a depressão, ao menos durante a segunda viagem do Beagle, Fitzroy pediu a seu amigo e superior Francis Beaufort, hidrógrafo a serviço do almirantado britânico, que encontrasse um *cavalheiro* para lhe fazer companhia. Os primeiros convidados recusaram, mas um amigo de Beaufort do Trinity College, de Cambridge, o professor George Peacock, comentou sobre a oportunidade com seu colega, John Henslow, que indicou seu aluno, Charles Darwin.

De início, Fitzroy, um *tory*, isto é, simpatizante do Partido Conservador, ficou um tanto receoso de ter de conviver com um *whig*, como eram chamados aqueles de tendência liberal, como Charles Darwin. Além disso, de acordo com a fisiognomia, pseudociência que busca determinar a personalidade de acordo com as características fisionômicas da qual Fitzroy era adepto, a forma do nariz de Charles indicava falta de determinação, e o capitão quase dispensou o candidato. Mas Fitzroy decidiu reconsiderar, e os dois passaram uma semana convivendo para que o capitão se certificasse de sua decisão. Na verdade, a fricção das diferentes orientações provocaria faíscas durante a viagem, mas antes de zarpar o nobre e o cavalheiro se deram bem. O fato de Charles ser neto do respeitado Erasmus Darwin pesou na aprovação de Fitzroy.

Charles iria, portanto, na condição de acompanhante do capitão. Conforme Henslow havia explicado na carta que enviara a Charles, "não importa o quão bom naturalista seja ele, o que mais conta (para o capitão) é que lhe seja recomendado um *gentleman*". De fato, o naturalista oficial da expedição era, como quase sempre era o caso, o cirurgião de bordo Robert McCormick. Isso, porém, iria mudar ao longo da viagem.

Mas enquanto Charles se entusiasmou com o convite, seu pai lastimou. Para Robert Darwin, aquilo era uma confirmação de que seu filho nunca iria se estabelecer. Ele ainda não era um ministro. Havia demandas acadêmicas a concluir. E, embora as viagens naquela época já fossem bem mais seguras do que 100 anos antes, o médico também se

25

preocupava com os perigos que o filho poderia enfrentar. Assim, Robert fez valer as prerrogativas de sua autoridade paternal influente — instituição no século XIX — e não deu permissão. Charles recorreu ao tio, Josiah Wedgwood II, que após longas argumentações entre final de agosto e início de setembro de 1831 e um bom número de cartas, acabou convencendo o pai a ceder. Charles não teria salário e teria de pagar sua passagem e custear suas necessidades. Os enjoos que padeceria no mar produziriam sequelas em sua saúde que o acompanhariam até o final da vida. Mas a viagem do Beagle foi fundamental para esse homem, pois permitiu a ele intuir um princípio que o levou a fazer uma descoberta fundamental para a humanidade. Charles fez as malas, despediu-se da família e, em outubro de 1831, foi para Plymouth, de onde zarparia.

Todavia, houve atrasos. Primeiro, o Beagle precisava de reparos. Na verdade, o navio foi quase reconstruído. Fitzroy não economizou e bancou as despesas de seu próprio bolso. Depois, o tempo fechou. Foi só em 27 de dezembro de 1831 que o Beagle partiu.

O brigue tinha 90 pés e quatro polegadas (27,7 metros) de comprimento. Havia 74 pessoas a bordo, dos quais dez eram oficiais e 38 eram marinheiros. Os suprimentos incluíam cerca de 6 mil latas de carne em conserva. Com tanta carga e gente a bordo, "nenhuma polegada de espaço é desperdaça", conforme registrou Charles. Darwin tinha de dividir a cabine da popa com dois oficiais. A rede onde ele dormia era pendurada em cima de uma mesa. De dia, os oficiais usavam a mesa para trabalhar em seus mapas e cartas

Robert Darwin, pai de Charles.

náuticas. Sob o balanço do navio, Charles compartilhava esse espaço. A primeira vez que tentou, Darwin não conseguiu sequer subir na sua rede, pois cada vez que tentava pegá-la, ela balançava para longe. Depois de conseguir a proeza de se acomodar na rede, percebeu que não tinha lugar para os pés. Para esticar as pernas, ele tinha de abrir uma das gavetas que ficavam na parede e apoiar os pés.

Na verdade, Darwin acabou passando um bom tempo na sua rede. No segundo dia de viagem, ele ficou com enjoo. Charles padeceu terrivelmente desse mal durante a maior parte da viagem. Certa vez, confessou a um amigo: "odeio todas as ondas do oceano".

O Beagle rumou primeiro para o arquipélago de Cabo Verde, a cerca de 500 milhas náuticas da costa norte da África. Lá, Darwin iniciou um minucioso registro sobre os aspectos geológicos e biológicos que observava, o qual continuaria ao longo de toda a viagem. Em seguida, rumando ao Brasil, o brigue passou pelo arquipélago de São Pedro e São Paulo. Darwin se impressionou com o local. Então, antes de aportar em Salvador, em 29 de fevereiro de 1832, o Beagle visitou Fernando de Noronha, onde parou apenas poucas horas. "Havia uma ressaca tremenda", registrou o jovem naturalista, "de forma que o barco ficou inundado, e o capitão não iria esperar".

O Brasil causou uma impressão ambígua em Darwin. Por um lado, ele se deslumbrou com a força exuberante da floresta tropical e com sua fauna. A enorme diversidade assumida pela vida nos biomas que visitou foi importante para acender o lampejo intuitivo que originou a teoria da evolução pela seleção natural. Por outro lado, teve má impressão dos brasileiros. O naturalista os julgou "ignorantes, covardes e indolentes ao extremo; hospitaleiros e bem-humorados enquanto isso não lhes causar problemas".

No livro em que detalhou a expedição do Beagle, *Viagens de um naturalista ao redor do mundo*, Darwin dedica menos de dez páginas a Salvador, na Bahia, onde passou pouco tempo, embora já pudesse ter tido um vislumbre da exuberância tropical. No Rio de Janeiro, porém, aonde chegou em 4 de abril de 1832, participou de uma expedição de alguns dias pelo interior, onde pôde testemunhar a diversidade da natureza. E ficou assombrado. No Rio, igualmente, Darwin tornou-se oficialmente o naturalista de bordo, e Robert McCormick voltou à Inglaterra. Conforme registrou, o cirurgião de bordo ficou "muito desapontado em minhas expectativas de realizar meus estudos de História Natural, pois todos os tipos de obstáculos têm sido colocados em meu caminho no sentido de desembarcar nas praias e fazer coleta de material". McCormick escreveu ao almirantado e recebeu permissão para voltar à Inglaterra.

Em maio daquele ano, Darwin comentou a travessia e a chegada ao Brasil em carta ao amigo e professor John Henslow:

Rio de Janeiro, 18 de maio de 1832.

Meu caro Henslow,
(...) Depois de duas tentativas de zarpar, apesar dos fortes ventos de sudoeste, o tempo em Plymouth mudou de forma muito desagradável. (...)

Finalmente zarpamos em 27 de dezembro [de 1831], com bom vento, o qual durou pelo resto da viagem.

Duas experiências miseráveis de enjoo me deram apenas uma vaga ideia do que eu ainda iria enfrentar.

Até chegar a Tenerife (não aportamos [na Ilha da] Madeira), eu mal deixei a minha rede e realmente sofri mais do que poderia imaginar. (...)

Depois, rumamos para a Bahia e aportamos em São Pedro e São Paulo — uma formação serpentina. Não será a única ilha no Atlântico que não é vulcânica?

Ficamos algumas horas em Fernando de Noronha. Havia uma ressaca tremenda, de forma que o barco ficou inundado, e o capitão não quis esperar.

Minha vida a bordo é mais agradável quando estamos em alto-mar. Tão confortável e tranquila. É quase impossível ficar ocioso, e para mim isso é dizer muito. (...)

Aportamos em Abrolhos, aonde chegamos em 4 de abril. Aqui, entre outras, recebi sua agradável carta. À noite, pensei nas alegres horas que passamos juntos em Cambridge.

Agora, estou morando em Botafogo, uma vila a uma légua da cidade, e ficarei aqui mais um mês.

O Beagle voltou à Bahia e me pegará na volta. (...)

Alguns dias depois de chegar, fiz uma expedição de 150 milhas [240 km] até Rio Macaé, a qual durou 18 dias. Aqui, vi pela primeira vez a floresta tropical em toda a sua sublime grandeza. Nada além da realidade pode dar uma ideia do quanto o cenário é maravilhoso e magnífico.

Se eu fosse especificar uma única coisa, destacaria a multidão de plantas parasitas. (...)

Estou agora coletando animais terrestres e de água doce: se o que me foi dito em Londres for verdade, a saber, que não há coleções de insetos tropicais pequenos, digo aos etimologistas que esperem e que tenham à mão suas canetas para descrever [os espécimes] *(...)*

Zarparemos para Montevidéu no final deste mês (junho), de forma que, ao todo, terei permanecido aqui três meses, o que é uma sorte, pois irá demorar até voltarmos novamente aos trópicos (...)

Desculpe-me por esta carta quase ininteligível.

Com os mais calorosos sentimentos de respeito e amizade, afetuosamente,

Charles Darwin

Uma grande influência nessa primeira parte da viagem sobre a formação científica de Darwin foi a leitura de um livro que ele recebera do capitão Fitzroy ainda na Inglaterra, o *Princípios da Geologia* de Charles Lyell (1797-1875). O próprio geólogo pedira a Fitzroy que estudasse os aspectos geológicos e recolhesse amostras ao longo da expedição. A "principal atividade", como o próprio Darwin descreveu, seria a geologia. De fato, há quase quatro vezes mais material sobre essa disciplina em suas notas do que sobre zoologia.

As ideias de Lyell fascinaram o jovem aprendiz de naturalista. No início do século XIX, acreditava-se que Deus tinha criado as montanhas, continentes, oceanos e as coisas vivas. Mas Lyell propôs o *Uniformitarianismo*, o qual sustentava que a Terra havia sido formada durante um longo período através de um processo natural, como as ações dos vulcões e terremotos. Darwin se entusiasmou com a ousadia de Lyell, que rejeitava a ideia predominante do catastrofismo, em que os violentos acontecimentos provocados por forças sobrenaturais determinam a formação da paisagem.

Durante a travessia do Atlântico, Darwin também testou sua rede para captura de plâncton. Esse foi o segundo registro do uso desse instrumento. Entusiasmado, escreveu em 11 de janeiro de 1831, o dia seguinte da coleta: "muitas dessas criaturas, que ocupam uma posição tão baixa na escala da natureza, têm formas delicadas e belas cores. Causa espanto o fato de tanta beleza ter sido criada aparentemente sem nenhum propósito".

Na América do Sul, Darwin realizou sete grandes viagens, percorrendo centenas de quilômetros a cavalo. Também fez dúzias de expedições menores, inclusive de caça. Como tinha boa pontaria, sempre levava carne fresca para a tripulação.

A primeira grande descoberta do naturalista se deu em setembro de 1832, nove meses depois do início da viagem. Quando ele e o capitão Fitzroy exploravam Punta Alta, na costa da **Argentina**, em um pequeno barco, Darwin viu algo que parecia ser uma pilha de ossos, quase escondidos por argila e terra. Suspeitando serem fósseis, o naturalista voltou ao local e, depois de cavar durante horas, descobriu os esqueletos fossilizados de pelo menos três animais grandes.

Todavia, os ossos eram semelhantes aos das preguiças e tatus que ele tinha visto ali perto — e até caçado e comido. Darwin suspeitou que os ossos pertenciam a criaturas que tinham sido extintas, há muito tempo, as quais eram relacionadas de alguma forma àqueles tatus e preguiças que ali viviam.

A viagem do Beagle deveria durar dois anos, mas acabou se estendendo para cinco. Durante esse período, Darwin ficou no mar 18 meses. O resto do tempo, passou explorando ou coletando espécimes animais e vegetais. Enquanto Darwin ficava em terra, o brigue normalmente navegava nas proximidades, mapeando a costa.

Darwin (à direita) no convés do Beagle em Bahía Blanca, na Argentina, com fósseis; caricatura de Augustus Earle, primeiro artista da expedição.

No início de 1834, o Beagle completou seu levantamento da costa oriental da América do Sul. Darwin já viajava há quase três anos. Do Rio de Janeiro, o brigue foi ao Uruguai, a Buenos Aires e desceu pela costa argentina até a Patagônia e as Ilhas Malvinas. Em junho daquele ano, através do Estreito de Magalhães, o brigue entrou no Pacífico e começou a subir pela costa oeste da América do Sul.

Do porto de Valparaiso, Chile, onde Fitzroy parou em julho para consertar o navio, Darwin fez uma jornada a Santiago, a capital do país, e aos Andes. Quando retornou a Valparaiso, ficou muito doente, com fortes enjoos. Padeceu na cama durante seis semanas. Desde então, Darwin teve contínuos problemas de estômago, tendo, por vezes, de passar temporadas em SPAs submetendo-se a tratamentos. Alguns afirmam que Darwin contraíra doença de Chagas, mas esse diagnóstico nunca foi confirmado.

Por conta da doença, Darwin cogitou retornar à Inglaterra. Pouco depois, pela primeira vez na vida, o jovem viu um vulcão, o Osorno, em erupção. No porto de Valdívia, em fevereiro de 1835, o naturalista também presenciou os efeitos de um terremoto. Esses eventos reacenderam seu entusiasmo. Durante meses, ele estivera lendo o livro de Lyell sobre como a Terra havia sido formada por forças naturais. Agora, testemunhava isso. Era a comprovação de que Lyell tinha razão. Forças naturais como vulcões e terremotos tinham moldado a Terra. E ainda estavam transformando-a. Apesar do desconforto, dos infindáveis enjoos, da saudade da família e dos amigos, Darwin decidiu continuar.

O Beagle rumou, então, às lhas Galápagos, a 600 milhas marítimas da costa do Equador. O navio lá chegou em 15 de setembro de 1835. Para Darwin, aquele seria o ponto alto da viagem. As criaturas surpreendentes, os vulcões e os campos de lava que encontrou em algumas das ilhas do arquipélago eram as evidências finais que o levariam a intuir que as plantas e animais têm uma origem comum e que evoluíram ao longo do tempo.

O Beagle na Terra do Fogo, em pintura de Conrad Martens.

Mesmo sendo praticamente desabitadas, as Galápagos eram famosas já naquela época pelas tartarugas gigantes. Na verdade, elas dão o nome ao arquipélago, já que "galápago" significa "tartaruga" em espanhol. Navios lá paravam para abastecer, e esses quelônios eram boa fonte de alimento. Eram mantidos vivos na dispensa do navio durante meses, antes de serem consumidos.

A parada foi relativamente curta, cinco semanas. Apesar do "calor escaldante" das Galápagos, Darwin observou diferentes espécies intimamente relacionadas de tartarugas e mimídeos — um grupo de pássaros exclusivo da América do Sul —, sugerindo uma ancestralidade comum.

Nas Galápagos, Darwin notou que muitas das espécies eram semelhantes às que existiam no continente, mas mostravam pequenas diferenças de uma ilha para outra. Chamaram sua atenção, principalmente, os tentilhões, pássaros cujo bico apresentava um formato em cada ilha, de acordo com o tipo de alimentação disponível. A única explicação para isso seria que as primeiras espécies de animais chegaram às ilhas vindas do continente. Com o passar do tempo, desenvolveram características diferentes, de acordo com as condições do ambiente de cada ilha.

Das ilhas Galápagos, o Beagle continuou em direção oeste até o Taiti e o Pacífico sul. De lá, navegou para a Nova Zelândia e a Austrália, antes de entrar no Oceano Índico. Na Austrália, ao observar a estranha fauna local, Darwin escreveu: "Um incrédulo poderia exclamar 'certamente, foram dois Criadores distintos que fizeram o mundo'".

Emma Darwin:
prima e esposa.

Depois de uma incursão pelas ilhas Coco e pelas Ilhas Maurício, seguidas por uma parada na África do Sul, o Beagle dobrou o Cabo da Boa Esperança, fez uma parada de oito dias na Ilha de Santa Helena — onde Darwin se hospedou próximo ao túmulo de Napoleão Bonaparte —, voltou à Bahia, para corrigir medições anteriores, e finalmente rumou para a Inglaterra. O navio aportou em 2 de outubro de 1836, em Falmouth, na Cornuália. Na noite de 4 de outubro, Charles estava de volta à sua casa. Foi direto para a cama, saudando a família apenas no café da manhã do dia seguinte. Tinha estado fora de casa por cinco longos anos.

Nesse período, Darwin realizou a façanha de produzir uma coleção com 368 páginas de anotações zoológicas, 1383 páginas de anotações geológicas, um diário de 770 páginas, além de 1529 espécimes em garrafas com álcool e 3907 espécimes preservados, sem falar das tartarugas vivas recolhidas nas Galápagos. As coleções foram enviadas a universidades e museus escolhidos por Darwin — uma vantagem a ele oferecida para compensar a falta de salário durante a viagem. Trechos selecionados das cartas de Darwin sobre geologia haviam sido publicados por John Henslow, consolidando sua reputação de naturalista. Isso, por si só, já o faria merecedor de, pelo menos, um rodapé na história da ciência. Mas o jovem — e agora experiente — naturalista estava decidido a continuar seguindo sua vocação.

O **HMS Beagle** (ao centro), em aquarela de Owen Stanley, pintada na Austrália em 1841.

Com o reconhecimento que recebeu da comunidade científica, a possibilidade de Darwin ocupar um posto clerical, desejo de seu pai, deixou de existir. Em janeiro de 1839, alguns dias depois de ter sido eleito membro da Sociedade Real, a academia científica mais antiga do mundo em termos de existência contínua, Darwin se casou com sua prima-irmã, Emma Wedgwood (1808-1896). O casal se mudou para uma propriedade rural que Charles adquiriu em Kent, *Down House*, cujos jardins e estufas se transformariam em laboratório para seu trabalho, graças à riqueza da família. A doença desconhecida que o acometeu a partir de Valparaiso, com sintomas que iam de dores de cabeça a taquicardias e espasmos musculares, castigou Darwin até sua morte em 1882, anulando quaisquer projetos de futuras expedições.

Darwin publicou seu diário, *A Viagem de um Naturalista ao Redor do Mundo*, em 1839. O livro foi um sucesso imediato, sedimentando ainda mais sua reputação. O cientista se entregou, então, a catalogar os espécimes que havia recolhido e reler suas anotações. Dessa forma, Darwin foi amadurecendo sua visão sobre a evolução. Em 1838, já havia elaborado sua teoria e começou a juntar evidências para prová-la. Ele as relacionou em um diário, o qual veio a originar um dos livros mais revolucionários de todos os tempos, *A Origem das Espécies*.

2

O Brasil de Charles Darwin

A estadia no Brasil foi o primeiro evento importante nas pesquisas de Charles Darwin, durante a viagem do navio de levantamento HMS Beagle. A diversidade e a relação entre muitas espécies semelhantes que testemunhou na floresta tropical levaram o cientista às primeiras considerações que resultaram em sua teoria. Mas nem tudo foi paradisíaco nos trópicos brasileiros.

Quando Darwin chegou ao Brasil, em 1832, o país enfrentava uma de suas piores crises. Embora tivesse conseguido vencer a guerra de independência travada contra os portugueses, a jovem nação enfrentava instabilidade política, por conta da recente abdicação do imperador Pedro I, e crise econômica, devido à pesada dívida externa contraída durante o conflito. O filho do imperador, Pedro II, então com cinco anos, não tinha condições de governar, e um triunvirato, a Regência Trina, assumia o governo e a difícil tarefa de trazer a estabilidade ao país — o que seria conseguido só na década seguinte.

O perfil do Brasil também mudava. Os brasileiros buscavam construir o caráter, a identidade nacional. As primeiras manifestações nesse sentido começavam a germinar. O país tinha se aberto ao mundo. Durante 300 anos, a colônia fora mantida fechada pela metrópole, ciumenta de suas riquezas. Com a fuga da corte para o Brasil em 1808 e a consequente abertura dos portos, uma nova presença, antes proibida, surgiu: a do estrangeiro. Esses viajantes começaram a produzir uma literatura sobre os trópicos brasileiros que revela ao mesmo tempo fascínio e horror. Fascínio pela exuberância da natureza e horror pela incivilidade que testemunhavam: ruas tortuosas e sujas, alimentos exóticos, informalidade nos modos e no vestuário, escravidão, negação do valor do trabalho, promiscuidade. Charles Darwin não foi exceção: o naturalista ficou tão fascinado quanto horrorizado com nosso país.

No dia 20 de fevereiro, quando o Beagle ancorou em Fernando de Noronha, Darwin teve seu primeiro contato com a floresta tropical, testemunhando "grandes magnólias, louros e árvores cobertas de delicadas flores". Estava ciente de que via apenas uma amostra: "tenho certeza de que toda a grandiosidade dos trópicos ainda não foi vista por mim".

No dia 28, ao redor das 9 horas, a tripulação avistou a costa da Bahia. A grandiosidade dos trópicos surgia diante dos olhos do naturalista, prenunciando a satisfação que ele encontraria nessas terras: "seria difícil de imaginar, antes de ver o panorama, algo tão magnífico", escreveu. Desembarcou extasiado: "o deleite que se experimenta em momentos como esse confunde a mente".

Darwin chegou a Salvador em pleno Carnaval. No sábado, 4 de março, o naturalista saiu com dois oficiais do Beagle pelas ruas da capital baiana, estranhando o comportamento pouco convencional dos foliões. Ele registrou sua impressão sobre o passeio:

Wickham, Sullivan e eu, nada destemidos, estávamos determinados a encarar seus perigos [da cidade de Salvador]. *Esses perigos consistem em ser alvejado sem misericórdia por bolas de cera cheias de água e ser encharcados por grandes seringas de lata. Achamos muito difícil manter nossa dignidade enquanto caminhávamos pelas ruas.*

Mas a estadia em Salvador foi breve. O navio zarpou em 30 de março, rumo ao Rio de Janeiro. Aqui, Darwin iria, de fato, estudar a floresta tropical e se deslumbrar com sua incrível diversidade — apesar do calor. Foi igualmente no Rio que ele travou contato com a população local, a qual o impressionou tanto que o fez abrir espaço em seu interesse de naturalista para exercitar sua veia de antropólogo.

Céu e Inferno

O Beagle atracou no Rio de Janeiro em 4 de abril de 1832. Por ordem de Fitzroy, o navio entrou no porto executando manobras ousadas para demonstrar a habilidade da tripulação. Darwin ficaria baseado na cidade durante três meses. Enquanto isso, o brigue velejaria ao longo da costa brasileira para estudar o relevo e corrigir os mapas.

No entanto, logo nos primeiros dias, o cientista viria a se desencantar com o povo brasileiro. A começar pela burocracia. Para obter um passaporte que o habilitaria a viajar pelo interior, Darwin gastou o dia 6 de abril inteiro. Foi um tormento. Segundo registrou:

> *Nunca é muito agradável submeter-se à insolência de homens de escritório, mas aos brasileiros, que são tão desprezíveis mentalmente quanto são miseráveis, é quase intolerável. Contudo, a perspectiva de florestas selvagens zeladas por lindas aves, macacos e preguiças, lagos, roedores e aligátores faz um naturalista lamber o pó da sola dos pés de um brasileiro.*

De fato, nos três meses em que permaneceu no Rio de Janeiro, Darwin viveu dias maravilhosos, pontuados, porém, por atritos com os locais. Fossem ricos ou pobres, gente supostamente fina, fosse na corte, nos teatros, restaurantes, cafés, ou no interior, Darwin se deparou com uma gente rústica regida por uma rude etiqueta — especialmente para um cavalheiro inglês como ele.

Darwin visitava uma terra exótica. Era um país mestiço, com ares orientais. Os Brasis — como os britânicos se referiam à jovem nação — tinham, então, três milhões de habitantes. Um terço dessa população era constituído de escravos, e um quarto de índios.

A cultura brasileira de então era mestiça e mística, pesadamente católica. Os ritos religiosos marcavam o passar do tempo. Tradição portuguesa, o dobre dos sinos anunciava os principais acontecimentos do Rio de Janeiro: nascimentos, mortes, incêndios, invasões, festas religiosas, dias santos. O barulho era tanto que, em 1833, a Comissão de Salubridade da Sociedade de Medicina elaborou um relatório sobre o abuso dos toques de sinos e o mal que causava à saúde.

Charles Darwin no final da década de 1830, em aquarela por George Richmond.

Décadas depois, Machado de Assis comentou o costume em uma das suas crônicas, publicada na *Semana Ilustrada*, de 20 de outubro de 1872. Nela, o Bruxo do Cosme Velho perguntava por que motivo os "filhos de Adão" tinham direito a mais uma badalada do que as "filhas de Eva", mencionando o costume de anunciar o nascimento dos meninos com um toque de sino a mais.

Apesar de ser a capital do império, arrogando-se ares de corte tropical, situada em meio a uma paisagem exuberante, o Rio era cercado de lixo e sujeira por todos os lados. O jornalista e dramaturgo Luis Edmundo, ativo personagem da Belle Époque carioca, retratou em crônica o Rio de Janeiro no último quarto do século XIX:

> *A cidade é um monstro onde as epidemias se albergam dançando sabats magníficos, aldeia melancólica de prédios velhos e acaçapados, a descascar pelos rebocos, vielas sórdidas cheirando mal, exceção feita da que se chama rua do Ouvidor, onde (...) o homem do burro sem rabo cruza com o elegante*

da região tropical, que traz no mês de fevereiro sobrecasaca preta de lã inglesa, e (...) dilui-se em cachoeiras de suor.

O "burro sem rabo" a que Edmundo se refere era um vendedor ambulante que puxava um carrinho de mão. A cidade era infestada desses ambulantes e de carroças e charretes.

O lixo se acumulava pelas ruas. O esgoto doméstico era retirado em vasos e baldes carregados por escravos e despejado em córregos e ribeirões. A bela Lagoa Rodrigo de Freitas era um desses lugares. Como esses escravos encarregados de transportar o esgoto doméstico viviam manchados com listras de sujeira que caía dos baldes e lhes escorria pelas costas, rosto, pernas, eram chamados de "tigres".

O explorador irlandês e oficial da marinha britânica James Tuckey descreveu sem simpatia as habitações cariocas do início do século XIX:

> *Vistas de fora, as casas têm a mesma aparência de limpeza que observamos nas residências dos melhores vilarejos da Inglaterra. A boa impressão, contudo, desvanece à medida que nos aproximamos. Logo que se metem os pés para dentro, constata-se que a limpeza não passa de um efeito da cal que reveste as paredes exteriores e que, nos interiores, habitam a sujeira e a preguiça. As ruas, apesar de retas e regulares, são sujas e estreitas, ao ponto de o balcão de uma casa quase se encontrar com o da casa em frente.*

O historiador Oliveira Lima confirma: "a limpeza da cidade [do Rio de Janeiro] estava toda confiada aos

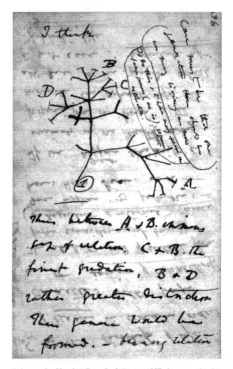

Esboço de Charles Darwin feito em 1837 do seu primeiro diagrama de uma árvore evolucionária: a partir de um único ser, todos os outros evoluíram.

urubus", escreveu ele. Já o viajante Alexander Caldcleugh, que visitou o Rio entre 1819 e 1821, ficou impressionado com a quantidade de ratos que infestavam a capital do Império. "Muitas das melhores casas estão de tal forma repletas deles que durante um jantar não é incomum vê-los passeando pela sala", relatou.

Os cariocas de então estavam longe de corresponder aos padrões de civilização. Sob o calor tropical, imperava a

Charles Darwin em 1878.

deselegância no modo de vestir e de se comportar. James Tuckey escreveu, por exemplo, que as mulheres brasileiras "tinham o péssimo hábito de escarrar em público, não importando a hora, situação ou lugar. Tal hábito (...) forma um poderoso obstáculo ao império do charme feminino".

À mesa, o comportamento era igualmente rude. O pintor Jean-Baptiste Debret (1768-1848), que chegou ao Brasil com a Missão Artística Francesa em 1816 — apenas uma década e meia antes da visita de Darwin, portanto — e que retratou a vida dos brasileiros, ficou escandalizado com a falta de educação dos ricos durante as refeições. Sobre os modos locais, Debret observou:

> *O dono da casa come com os cotovelos fincados na mesa; a mulher, com o prato sobre os joelhos, sentada na sua marquesa, à moda asiática; e as crianças, deitadas ou de cócoras nas esteiras, lambuzam-se à vontade com a pasta de comida nas mãos (...) As mulheres e crianças não usam colheres nem garfos; comem todos com os dedos.*

Escravidão

Apesar dos fortes contrastes que testemunhou no Brasil, nada chocou mais Charles Darwin do que a escravidão. O naturalista chegou até mesmo a se indispor com o temperamental Fitzroy por conta da sua posição com relação à escravatura.

Quando Darwin se expressou contrário à escravidão, o capitão do Beagle defendeu a prática mencionando uma visita que fez a uma fazenda, cujo proprietário perguntou aos seus escravos se eles desejavam ser libertados e recebeu uma resposta negativa. Darwin replicou que a afirmação dos escravos, devido às circunstâncias, não tinha qualquer valor. Isso bastou para enfurecer Fitzroy, que expulsou o cientista da sua presença. Mas esses acessos de raiva do capitão eram comuns. Os oficiais do Beagle tinham até mesmo criado um apelido para descrever os ataques, "café quente". Horas depois, Fitzroy chamou Darwin, desculpou-se e convidou-o a jantar com ele.

Mas se Fitzroy se desculpou pela sua comoção, a postura escravagista dos brasileiros continuava a ofender Darwin. "A escravidão", escreveu o historiador José Murilo de Carvalho, "além de sustentar a produção agrícola e os serviços urbanos, perpassava a vida social de alto a baixo".

O centro nervoso da economia eram os traficantes e a sociedade girava em torno da posse de escravos. Na época da Independência, essa atividade estava em franca expansão: a cada ano, até 40 mil escravos africanos eram introduzidos no Brasil — além dos índios que continuavam a ser capturados. Essa tendência reforçava o caráter escravista da sociedade. A posse de um único escravo já indicava a posição social de seu proprietário. Nessa cultura, a passagem à condição social de "senhor" se definia pela "liberdade" que este conquistava ao adquirir um escravo, que o isentava da necessidade de trabalhar.

Essa verdade não valia apenas para os grandes fazendeiros. A posse de escravos era generalizada no Brasil. Uma viúva, por exemplo, podia comprar um cativo a crédito e obrigá-lo a caçar e vender o produto pelas ruas da cidade, ficando com parte dos lucros para amortizar o investimento e ainda ter alguma renda. Possuir escravos era o grande objetivo de todos os membros da sociedade. Tinham prestígio aqueles que não precisavam trabalhar.

Além de organizar o trabalho, a escravidão era a forma básica de poupança e investimento. Numa economia em que, mesmo com o ouro, circulava pouco dinheiro, o escravo era um dos raros bens que tinha liquidez. Era, igualmente, a principal garantia dos empréstimos: um produtor rural tinha muita dificuldade para empenhar suas

Escravo sendo castigado (c. 1834), de Jean-Baptiste Debret.

terras, mas quase nenhuma para penhorar seus escravos. Os muitos privilégios proporcionados pela posse de escravos terminaram por gerar um clima social de condenação ao trabalho. O ócio era um ideal almejado. Em vez do esforço, o caminho do enriquecimento mais aceito era não trabalhar — pois a verdadeira fonte de riqueza da sociedade era o aproveitamento do trabalho alheio.

Após a independência do país, quase todos os brasileiros consideravam o modelo escravista natural. Era um estilo de vida tão influente que determinava a economia, a sociedade, a cultura e o comportamento. Mas esse modo de exploração humana incomodou profundamente Charles Darwin. Ele registrou em seu diário:

Não tenho dúvidas de que a atual situação da maioria absoluta da população escrava é muito mais feliz do que estaríamos previamente inclinados a crer. O interesse e qualquer bom sentimento que pudesse ter o proprietário acabariam por levar a isso. Mas é totalmente falso que nenhum deles, mesmo entre os mais bem tratados, quer retornar a seu país. "Se apenas eu pudesse ver meu pai e minhas duas irmãs mais uma vez já ficaria feliz. Nunca consegui esquecê-los." Tal foi a expressão dessa gente, que é considerada pelos selvagens refinados da Inglaterra como mal sendo sua irmã, mesmo diante dos olhos de Deus.

O horror que Darwin tinha da escravidão jamais diminuiu. Muitos anos depois da viagem do Beagle, em 1845, quando seu amigo e mestre em geologia, Charles Lyell, tendo lançado um novo livro, preparava-se para viajar aos Estados Unidos para divulgá-lo, convidou Darwin a acompanhá-lo, ele recusou. Em seu diário, o cientista explicou o motivo:

> *Agradeço a Deus nunca mais ter de visitar um país escravagista. Até hoje, quando ouço um grito distante, ele me faz lembrar com dolorosa vivacidade meus sentimentos, quando, passando em frente a casa próxima de Pernambuco (na verdade Recife, onde o Beagle atracou na viagem de volta para a Inglaterra), eu ouvi os mais penosos gemidos, e não podia suspeitar que pobres escravos estavam sendo torturados. Perto do Rio de Janeiro, eu morava em frente à casa de uma velha senhora que mantinha torniquetes de metal para esmagar os dentes de suas escravas. Eu fiquei em uma casa em que um jovem caseiro mulato, diariamente e de hora em hora, era vituperado, espancado e perseguido o suficiente para arrasar com o espírito de qualquer animal. Eu vi um garotinho de seis ou sete anos ser castigado três vezes na cabeça com um chicote para cavalo (antes que eu pudesse interferir) por ter-me servido um copo d'água que não estava muito limpo.*

Mesmo diante de notícias aterradoras sobre a carnificina da Guerra Civil dos Estados Unidos (1861-1865), Darwin se manteve inflexível. Inconformado com o regime escravocrata, justificou a violência dessa que foi que produziu o maior número de óbitos entre os militares americanos. Para Darwin, "a extinção da escravidão bem que valeria doze anos de guerra".

Uma visita ao interior

O encanto com a natureza tropical já havia se manifestado em Salvador, mas aprofundou-se no Rio, onde fez uma visita a fazendas no interior do estado. A viagem lhe proporcionou um mergulho não só na floresta, mas nos modos e maneiras dos brasileiros que não viviam na corte.

Nos registros feitos no Rio, Darwin dá conta de que:

Poucos dias depois de nossa chegada, conheci um inglês que se preparava para visitar suas propriedades, situadas a pouco mais de 100 milhas [160 km] *da capital, ao norte de Cabo Frio. Ele teve a gentileza de me convidar como companhia, o que aceitei com prazer.*

Patrick Lennon era, na verdade, um irlandês há 20 anos estabelecido no Brasil. Lennon concordou em levá-lo a "um terreno florestal" que possuía em Macaé.

O grupo de sete pessoas saiu na madrugada de 8 de abril. No final da manhã, Darwin registrou que, em meio a um calor intenso, o silêncio da mata era completo, quebrado apenas pelo voo preguiçoso de borboletas. A vista e as cores na passagem de Praia Grande, atual Niterói, absorveu toda a atenção de Darwin ao menos até o meio-dia, quando o grupo parou para o almoço em "Ithacaia", aldeia cercada por choças ocupadas por negros escravos.

No trajeto até o local de pouso, a "Lagoa Maricá", os viajantes passaram por regiões escarpadas, entre elas uma meseta em torno de onde escravos estabeleceram quilombos, aos quais Darwin se refere como "refúgios". Ali, o naturalista reproduziu um relato que ouviu de alguém. Soldados teriam sido enviados para recuperar esses fugitivos e todos se renderam, à exceção de uma mulher, já velha, que se atirou contra as pedras. Darwin lamenta: "praticados por uma matrona romana, esse ato seria interpretado e difundido como amor à liberdade, mas da parte de uma pobre negra, se limitaram a dizer que não passou de um gesto bruto".

Se os brasileiros costumam ver-se como bons anfitriões, Darwin estranhou a hospitalidade local — ou a falta dela. O naturalista descreveu um almoço em uma "venda" mal construída. De acordo com a descrição de Darwin:

Essas casas geralmente são espaçosas, construídas com postes verticais entrelaçados de ramos que são depois rebocados. Raramente possuem assoalho; janelas com vidraças, nunca. São, entretanto, quase sempre muito bem cobertas. Como, geralmente, a parte da frente é toda aberta, formam uma espécie de alpendre, em cujo interior se colocam mesas e bancos. Os dormitórios são contíguos de cada lado, e neles os hóspedes podem dormir, com o conforto que lhes for possível, sobre uma plataforma de madeira e um magro colchão de capim.

De início, a abordagem do proprietário era amistosa: "as primeiras vezes, dei em vão graças à Providência por nos haver guiado à presença de tão amável pessoal", admite. Mas, à medida que a conversa prosseguia, Darwin se sentia cada vez mais constrangido, conforme revela o diálogo que reproduziu em seu diário:

— *Pode fazer o favor de nos servir peixe?*
— *Oh!, não senhor.*
— *Sopa?*
— *Não, senhor.*
— *Algum pão?*
— *Não, senhor.*
— *Carne seca?*
— *Oh!, não senhor.*

Darwin conta sobre as dificuldades de se conseguir uma refeição nessas fazendas. A grosseria dos anfitriões chamou a atenção do naturalista:

Se tivéssemos sorte, esperando umas duas horas, poderíamos conseguir frango, arroz e farinha. Não raro tivemos que abater pessoalmente a pedradas as galinhas que nos iam servir para o almoço. Quando, extenuados de cansaço e de fome, dávamos timidamente a entender que ficaríamos satisfeitos de ver a mesa posta, a resposta pomposa (se bem que verdadeira), ainda que desagradável em demasia, era: ficará pronto quando estiver pronto. Se ousássemos insistir mais, acabaria por nos mandar seguir viagem por nossa impertinência. Os anfitriões possuíam péssimas maneiras e eram muitíssimo descorteses. Suas casas e suas roupas frequentemente eram imundas e malcheirosas. A carência de talheres também era total, e tenho certeza de que não se

encontraria na Inglaterra nenhuma cabana ou casebre assim destituídos dos mais simples confortos.

Em compensação, em um lugar a que se refere como "Campos Novos" conta que "fomos tratados magnificamente". Mas mesmo aí o choque cultural foi inevitável, e mais uma vez o cavalheiro inglês se surpreendeu com a rusticidade dos brasileiros. Quando deram pela falta de uma bolsa e quiseram saber do proprietário se a tinha visto, ele "respondeu com brutalidade":

— Como querem que eu saiba disso? Por que não cuidam do que levam? Talvez tenha sido comida pelos cachorros.

Ao final de três dias de viagem, o grupo chegou à Fazenda Sossego, propriedade de certo Manuel Figueiredo, parente de um dos viajantes. Novamente a construção acanhada e primitiva, seguindo o método indígena de pau a pique, deixou o cientista desconfortável, mas a comida foi farta e generosa, contando até mesmo com carne de caça.

De Sossego o grupo se dirigiu a uma propriedade situada junto ao rio Macaé, limite do cultivo agrícola naquela direção. Darwin ficou profundamente impressionado com a fecundidade da região e imaginou a quantidade de alimentos que poderia produzir num futuro distante. "Levando em conta a enorme superfície do Brasil, a proporção de terras cultivadas é insignificante se tomamos as extensões abandonadas ao estado de natureza selvagem: numa era futura, que população imensa esse país não sustentará!", profetizou.

Indígenas em uma fazenda de Minas Gerais (1824), por Johann Moritz Rugendas.

Na fazenda junto ao rio Macaé, outro choque cultural. O grupo cruzava um rio, conduzido por um negro, quando outra cena relacionada à escravidão chocou Darwin profundamente. O cativo tinha dificuldade para compreender aquele estrangeiro, o que fez com que Darwin tentasse comunicar-se com ele por mímica e outros sinais. Um desses movimentos, conta o naturalista, levou o escravo a acreditar que Darwin estava enraivecido por alguma razão e iria golpeá-lo. O negro abaixou e dirigiu-lhe um olhar temeroso. Darwin relatou o profundo sentimento de surpresa e embaraço que se apoderou dele e que jamais iria esquecer.

Na viagem de volta, o naturalista e seu grupo permaneceram dois dias na Fazenda Sossego, durante os quais ele se ocupou com a coleta de insetos, observações botânicas e conversas com o proprietário que esculpia uma canoa num tronco único de 33 metros de comprimento.

Em 19 de abril de 1832 o grupo deixou em definitivo a Fazenda Sossego, retomando o difícil caminho pelo qual vieram. No terceiro dia da viagem, a rota é ligeiramente alterada em direção a um "vilarejo alegre" chamado Madre de Deus, onde passava uma das principais estradas do Brasil. E aqui, o testemunho do viajante: "a via está em condições tão precárias que mal dá passagem a carros de boi".

Também chamaram a atenção de Darwin as inúmeras cruzes à beira da estrada, as quais assinalavam locais de mortes por assassinato — testemunhas de um lado sombrio do "homem cordial", responsável pela violência histórica do país e conceito proposto por Sérgio Buarque de Hollanda. Em seu diário, o naturalista escreveu:

> *O hábito de carregar faca é universal. E é quase um bem necessário ao se entrar no mato, por causa do cipó. A frequente ocorrência de assassinatos pode, em parte, ser atribuída a isso. Os brasileiros são tão destros na faca que são capazes de atirá-la com ótima pontaria a alguma distância, e com força suficiente para causar um ferimento mortal. Vi diversos meninos que praticavam a arte como meio de diversão e, pela habilidade com que acertavam o alvo, um pau vertical, muito prometiam em caso de empreendimentos sérios.*

Em 23 de abril ele voltou ao Rio de Janeiro, "encerrando assim nossa pequena e agradável excursão". O retorno ao Rio marca uma nova fase de êxtase com a natureza e coleta de espécimes animais e plantas, que eram bem acondicionados e despachados para a Inglaterra. Registrou com prazer que um dia de coleta era tão rendoso que lhe consumia vários dias de trabalho para classificar e embalar tudo.

Darwin alugou, em Botafogo, "uma casa maravilhosa que nos fornecia acomodações excelentes". Embora o calor o incomodasse, as chuvas que caíam densas e ruidosas

Baía de Botafogo, Subúrbios do Rio de Janeiro (1852), por William Gore Ouseley.

compensavam o desconforto. No tempo em que passou na capital do império, o naturalista subiu várias vezes ao Corcovado e também frequentou a boa sociedade local, embora sempre tivesse críticas a fazer aos cariocas e aos seus costumes. De modo geral, a impressão que teve dos locais foi negativa. Darwin notou um problema moral instilado nas relações entre as classes sociais e mesmo entre as pessoas de modo geral. Ao partir, mais de três meses depois, o cientista tinha aprofundado sua percepção dos brasileiros. Em seu diário, registrou o julgamento nascido de seu convívio com o povo local:

Não importa o tamanho das acusações que possam existir contra um homem de posses, é seguro que em pouco tempo ele estará livre. Todos aqui podem ser subornados. Um homem pode tornar-se marujo ou médico, ou assumir qualquer outra profissão, se puder pagar o suficiente. Foi asseverado com gravidade por brasileiros que a única falha que eles encontraram nas leis inglesas foi a de não poderem perceber que as pessoas ricas e respeitáveis tivessem qualquer vantagem sobre os miseráveis e os pobres. Os brasileiros, até onde vai a minha capacidade de julgamento, possuem só uma pequena quantia daquelas qualidades que dão dignidade à humanidade. Ignorantes, covardes e indolentes ao extremo; hospitaleiros e bem-humorados enquanto isso não lhes causar problemas; endurecidos, vingativos, mas não explosivos; satisfeitos com suas personalidades e seus hábitos, respondem a todos os comentários perguntando por que não podemos fazer como fizeram nossos antepassados antes de nós?

Em 5 de julho, Darwin deixou definitivamente o Rio de Janeiro e o Brasil rumo à Patagônia e ao Estreito de Magalhães (atual passagem de Drake) que o levaria às Galápagos, às estranhas criaturas que habitam o arquipélago e às observações que o conduziriam ao evolucionismo.

A Evolução da Teoria

3

Prelúdio
a uma Ideia

Certa vez, Isaac Newton (1643-1727), autor de um dos livros mais influentes da história da humanidade (o *Philosophiae Naturalis Principia Mathematica*), afirmou que conseguia enxergar tão longe porque estava sobre ombros de gigantes. Com isso, o astrônomo queria dizer que muitas das grandes descobertas da ciência se baseiam nos achados que outros cientistas realizaram. É como se herdassem uma informação ou teoria e a desenvolvessem aos poucos, geração a geração. O mesmo aconteceu com Charles Darwin e sua descoberta. De fato, os princípios que levaram à resposta sobre como as espécies animais e vegetais surgem neste planeta já haviam sido estabelecidos no século XVIII.

A estrada para a teoria da evolução de Darwin começou a ser pavimentada pelo físico, botânico e zoólogo sueco Carl Lineu (1707-1778). Em 1735, aos 28 anos, Lineu publicou o livro *Systema Naturae*, onde propunha um sistema para nomear e classificar todos os organismos do planeta. A obra, que veio a se popularizar rapidamente, desenvolvia o sistema de nomenclatura binominal, o qual havia sido inventado mais de um século antes pelo botânico suíço Gaspard Bauhin (1560-1624). Até a publicação do sistema de Lineu, os estudiosos usavam longos nomes, com quatro ou mais palavras na designação de cada animal ou planta. O sistema binominal se baseava apenas nos termos do gênero e da espécie, classificados de acordo com a observação de organismos e em seu agrupamento em categorias segundo suas características. Uma espécie era definida como um grupo de indivíduos semelhantes uns aos outros de forma que pudessem se reproduzir, gerando descendentes férteis.

No total, porém, o sistema inclui sete categorias que vão do mais geral ao mais específico: *reino, filo, classe, ordem, família, gênero e espécie.* De acordo com o sistema de Lineu, diferentes espécies são agrupadas em gêneros; os gêneros em famílias; as famílias em ordens; e assim por diante até os reinos. O leão, por exemplo, pertence ao reino *Animal*, filo *Cordata* (isto é, vertebrado), classe *Mamífero*, ordem *Carnívora*, família *Felidae*, gênero *Panthera*, e espécie *leo*. Já o tigre pertence às mesmas categorias que o leão, exceto a espécie, que é *tigris*. No caso do tigre, como também de outros animais, há outra categoria, a subespécie. Há sete subespécies de tigre (havia oito, mas o tigre persa, ou *Panthera tigris virgata*, foi extinto). A maior delas é o tigre siberiano, *Panthera tigris altaica*.

Com esse método de classificação, Lineu demonstrou que os animais e as plantas pertencem a famílias que compartilham características gerais em comum e, ao mesmo tempo, eram especificamente diversas em outras particularidades. Isso levou à compreensão das distinções e relações entre todas as criaturas vivas.

A simplicidade do sistema de Lineu estimulou sua aplicação. Uma verdadeira febre se alastrou pela Europa, levando cientistas e leigos a identificar e classificar novas espécies. Foi nessa época que surgiu a figura do naturalista amador, com sua eterna rede de apanhar borboletas — um hobby que também apareceu nesse tempo. Esses exploradores percorriam os campos à procura de exemplares de novas espécies e enviavam as amostras recolhidas a Lineu e a outros estudiosos.

Como não podia deixar de ser, surgiu a questão de como classificar o Homem. Lineu criou nomes hipotéticos para as duas espécies humanas que concebeu no seu esquema de classificação: *Homo sapiens* (Homem Pensador) e *Homo troglodytes* (Homem das Cavernas).

Lineu colocou os humanos na ordem dos primatas, o que imediatamente causou problemas com as autoridades religiosas. O cientista sueco se baseava em um estudo feito pelo anatomista inglês Edward Tyson (1650-1708). Em 1698, Tyson dissecou um chimpanzé e no ano seguinte publicou um livro que mostrava que os símios superiores (gorilas, chipanzés, orangotangos e gibões) têm mais atributos comuns com os humanos, especialmente com relação à estrutura do cérebro, do que com as outras famílias da ordem primata. De fato, hoje o Homem, o gorila e o chimpanzé são classificados na mesma família, *hominidae*. Mas a simples observação de que os humanos têm semelhança com os grandes símios provocou controvérsia.

Para os europeus de então, era ofensivo conceber a ideia de que os humanos compartilhavam características comuns com os símios superiores. Enquanto o papa proibia a introdução das obras de Lineu no Vaticano, o arcebispo luterano de Uppsala, na Suécia, acusava-o de impiedade. Uma vez mais, as constatações da ciência chocavam-se com a mitologia adotada pelas religiões. Dessa forma, já no século XVIII, os conceitos científicos pré-darwinistas perturbaram as autoridades religiosas, iniciando o conflito entre a ciência e a fé que se intensificaria e continuaria até hoje.

Apesar de demonstrar semelhanças entre as espécies, o sistema de Lineu nada afirmou sobre a evolução. Não implicava que uma espécie evoluía de outra, fosse existente ou extinta. Sua obra implicava, porém, que o mundo natural tinha uma *ordem* inerente e que essa ordem poderia ser deduzida pelo uso do método científico. Esse método empregava análises anatômicas das espécies para compreender suas características e assim deduzir as regras que as produziram: as leis da natureza. A simples ideia de que as leis do universo podiam ser compreendidas, no sentido de se entender como os organismos se relacionavam uns com os outros, foi crucial para o desenvolvimento da teoria da evolução. O sistema de classificação de Lineu inspiraria Charles Darwin no século seguinte a fazer uma das mais importantes descobertas científicas de todos os tempos.

Outra evidência que contribuiria com a futura descoberta de Darwin veio da compreensão dos achados fósseis.

Na época de Lineu, os fósseis não eram relacionados a formas extintas de vida. O fóssil de uma concha era concebido como um fragmento de rocha incomum que se parecia com um organismo com concha. Um galho fossilizado não era visto como parte de uma antiga planta ou árvore, mas como simples curiosidade. O caráter estático do mundo natural, conforme estabelecido pela história bíblica da criação, ainda era mantido. De acordo com o Gênesis, o mundo foi criado com todas as suas criaturas — não havia um elemento dinâmico que promovesse a evolução e a extinção das espécies. Tudo o que vivia no mundo sempre tinha estado aqui e sempre continuaria igual.

No entanto, esse conceito veio a ser desafiado. Em 1796, Georges Cuvier (1769-1832), anatomista do Museu de História Natural de Paris, escreveu um artigo sobre os elefantes modernos e os fósseis semelhantes a eles. Cuvier analisou os esqueletos de elefantes modernos da África e da Ásia e os comparou com os fósseis de mastodontes, elefantes extintos que habitavam a América do Norte até cerca de 13 mil anos atrás. Seu artigo propunha a surpreendente ideia — até então inconcebível — de que os fósseis eram ossos de criaturas que já foram vivas. Cuvier constatou dessa forma um fenômeno que tem acompanhado a vida desde seus primórdios: a extinção das espécies.

As ideias de Cuvier se confrontaram com as de outro professor do Museu de História Natural de Paris, Jean-Baptiste de Lamarck (1744-1829). Lamarck havia efetuado um estudo sobre moluscos que o levou a concluir que as coisas vivas transmutam ao longo do tempo: organismos simples transformam-se gradualmente, tornando-se mais complexos. Por esse motivo, Lamarck não acreditava em extinção. As espécies, dizia ele, transformavam-se em seres mais complexos.

Na verdade, esse conceito já havia sido intuído antes. O próprio avô de Charles Darwin, o médico, filósofo, inventor, abolicionista e poeta Erasmus Darwin (1731- -1802), publicou em 1795 o livro *Zoonomia* onde antecipa a ideia de Lamarck, embora sem apresentar qualquer evidência que comprovasse sua tese.

Apesar de estar errado quanto à extinção, Lamarck (e Erasmus Darwin) foi muito perceptivo com relação à evolução, apesar de não compreender como o processo funcionava de fato. O cientista francês se baseou no conceito medieval da *Scala Naturae* (escada da natureza), que ordena todas as criaturas vivas em uma escala de complexidade crescente que vai da mais primitiva à mais perfeita: dos vermes ao Homem e aos anjos. Esse sistema tinha sido usado originalmente para sustentar a ideia adotada pelas Igrejas cristãs da imutabilidade das espécies, para quem cada criatura viva tinha uma função dentro do universo, conforme idealizado por Deus. Mas Lamarck adaptou isso, propondo que dentro desse sistema cada criatura lutava para evoluir e assim subir a *Scala Naturae*.

Jean-Baptiste de Lamarck, que desenvolveu uma teoria evolucionista antes de Darwin, o lamarckismo, hoje desacreditada.

Dessa forma, Lamarck concebeu o postulado básico da evolução. Ele chegou a esse conceito — ao qual chamou de transmutação antes de Darwin, mas não conseguiu demonstrar o mecanismo exato que movia a evolução. Lamarck supunha erroneamente que, se gerações de camundongos tivessem suas caudas cortadas, em algum momento os camundongos começariam a nascer sem ela. Caberia a Charles Darwin explicar o processo.

Outro importante acontecimento para o desenvolvimento do conceito de evolução, ainda no final do século XVIII, foi o estudo realizado pelo inglês William Smith (1769-1839) sobre a geologia da Grã-Bretanha, revelando vários estratos e fósseis encontrados. Ao escavar a terra, ele observou que as camadas de rocha sedimentar mostravam sequências de eras, com as camadas mais antigas no fundo e as mais novas em cima. E como ao penetrar camada após camada se recuava cada vez mais no tempo, Smith concluiu que o planeta devia ser bem mais antigo do que os estudiosos da Bíblia haviam estabelecido. Smith também constatou que os fósseis das formas de vida mais primitivas eram encontrados em grandes profundidades, indicando que a vida havia aumentado em termos de complexidade ao longo do tempo. A descoberta da grande antiguidade das rochas e o aumento da idade conforme se penetra mais fundo na terra ajudaria os cientistas a analisar e a estimar a idade dos fósseis encontrados nos diversos estratos geológicos.

Assim, as descobertas e as teorias propostas por Lineu, Cuvier, Lamarck e Smith no final do século XVIII foram os arautos da revolução que chegava. Uma revolução que seria realizada por Charles Darwin.

4

A Origem das Espécies

A viagem de cinco anos ao redor do mundo no navio de levantamento e pesquisa HMS Beagle foi crucial para que Darwin elaborasse sua teoria. Durante a viagem, Darwin teve oportunidade de estudar a obra pioneira do geólogo Charles Lyell. Da leitura de *Princípios de Geologia,* Darwin tirou a ideia de mudança gradual na paisagem geológica e suspeitou que ela também se aplicaria aos organismos vivos. Lyell argumentava que a paisagem da terra foi formada pela lenta ação de grandes forças ao longo não de milhares, mas de milhões de anos de mudança. Assim, pensou Darwin, se a Terra era moldada e remoldada ao longo das eras, então era possível que a vida sofresse transformações lentas ao longo do tempo. Dessa forma, espongiários gradualmente se tornaram peixes, que lentamente se desenvolveram em anfíbios, os quais deram origem a répteis, que, por sua vez, geraram as aves e os mamíferos.

O geólogo Charles Lyell, amigo de Darwin e um dos primeiros cientistas importantes a apoiar a teoria da origem das espécies.

Darwin também se familiarizou com as proposições do geólogo escocês Roderick Murchinson (1792-1871), que acreditava que havia várias eras na Terra. Primeiro houve uma era sem quaisquer organismos. Então, seguiu-se a era dos invertebrados, depois, a era dos peixes e, então, a dos répteis; em seguida veio a era dos mamíferos e, finalmente, a do Homem. Darwin passou a acreditar, com base nos trabalhos de Lyell e Murchinson, que o planeta era muito antigo, que havia passado por diversas eras e que a vida havia se especializado e evoluído através do tempo.

Mas foi nas ilhas Galápagos que ele fez a constatação que o levou à elaboração de sua teoria — uma das mais poderosas ideias da ciência. Nesse arquipélago, localizado em uma das zonas de maior calmaria do Pacífico a centenas de milhas da costa do Equador, Darwin encontrou uma verdadeira exposição de eras geológicas passadas, onde iguanas gigantescas viviam lado a lado de enormes tartarugas terrestres. Os animais dessa ilha isolada desconheciam o homem a ponto de pássaros virem pousar nos ombros dos visitantes.

O fato mais extraordinário que Darwin descobriu nesse arquipélago foi que cada uma das suas ilhas — de clima e terreno praticamente idênticos — tinha uma fauna característica. As espécies de tentilhões, por exemplo, eram diferentes de uma ilha para outra. Esses pássaros, semelhantes ao pardal, pertenciam evidentemente à mesma família, mas variavam suas características nas diversas ilhas do arquipélago a ponto de parecerem espécies diferentes.

Darwin observou que o mesmo acontecia com outros pássaros, lagartos, tartarugas e até moluscos e insetos. O enigma intrigou Charles. Por que espécies distintas de animais da mesma família ocorriam naquelas ilhas? E o fenômeno não era exclusivo das Galápagos. Ao longo dos cinco anos que o Beagle viajou pelo mundo, passou por diferentes ilhas: Taiti, Nova Zelândia, Tasmânia, Austrália, Ilha da Ascensão, Cabo Verde e Açores. Por todo o globo, a vida insular parecia repetir a Darwin a mesma pergunta.

Duas espécies de tentilhões que Darwin estudou nas Galápagos.

Em seu diário, o naturalista mostra ter confirmado o que seu avô Erasmus e Lamarck tinham proposto décadas antes, isto é, que as espécies evoluem. Darwin registrou:

> *Poder-se-ia imaginar que a mesma espécie sofreu modificações para fins diferentes. Nestas pequenas ilhas áridas e pedregosas, sentimo-nos mais próximos de desvendar o mistério dos mistérios: o aparecimento de novas formas na Terra.*

Ao retornar de sua odisseia no Beagle, Darwin nunca mais deixou a Inglaterra. Sem ter de se preocupar com sua sobrevivência, passou o resto da vida na sua casa de campo em Kent — a hoje célebre *Down House* —, dedicando-se às suas pesquisas e à sua família. De fato, o convívio familiar

Darwin, c. 1854.

era central na rotina de Darwin. Ele e Emma, a prima com quem se casou em 1839, tiveram dez filhos.

Darwin já tinha certo renome como cientista em seu país, conquistado pelas cartas que enviou a Cambridge, principalmente ao seu amigo e professor John Henslow, e, mais ainda, pelas significativas coleções que recolheu nos cinco anos que esteve embarcado no Beagle. Com o tempo, Darwin viria a ser ainda mais reconhecido pelo seu trabalho sobre a origem das ilhas de coral e por seus estudos sobre a vida marinha.

Depois de publicar *Viagem de um Naturalista ao Redor do Mundo*, um best-seller onde detalha a circunavegação sob a ótica científica, Darwin se dedicou ao registro e à catalogação das centenas de amostras coletadas ao longo da viagem do Beagle. Ele persuadiu alguns dos seus ex-professores de Cambridge e de outras universidades a estudarem os muitos espécimes que havia trazido. Um dos colaboradores de Darwin, o ornitólogo John Gould (1804-1881) examinou os tentilhões que o naturalista tinha trazido das ilhas Galápagos e constatou que os pássaros de uma ilha não eram da mesma espécie que os pássaros de outra ilha, conforme Darwin havia inicialmente imaginado. De fato, o ornitólogo classificou nada menos que 14 espécies de tentilhões, divididas em quatro subgrupos. Darwin ponderou que possivelmente alguns tentilhões da espécie sul-americana tivessem imigrado para as ilhas Galápagos há muito tempo, de forma que, inicialmente, havia apenas uma espécie desses pássaros em todas as diferentes ilhas. Então, de alguma forma, a partir de um ancestral comum, os tentilhões das várias ilhas transformaram-se ao longo do tempo, originando espécies diferentes.

Àquela constatação somavam-se as observações relativas aos achados fósseis. Os padrões de relacionamento entre espécies eram ainda mais intrigantes quando se tratava de fósseis. Uma análise dos fósseis encontrados por Darwin feita pelo Royal College of Surgeons (Real Faculdade dos Cirurgiões), de Londres, revelou que alguns dos ossos que ele havia trazido pertenciam a roedores e preguiças gigantes. O fato de fósseis de animais extintos terem sido encontrados nos mesmos locais onde criaturas semelhantes viviam atualmente reforçou a ideia de que essas criaturas haviam evoluído ao longo do tempo.

Darwin imaginou que os fósseis eram versões gigantescas dos animais modernos que observou, como tatus, preguiças e tamanduás. O naturalista ficou intrigado pela semelhança entre os fósseis e os esqueletos dos animais modernos. As similitudes o fizeram inferir que as espécies eram relacionadas. Assim, as evidências o levaram a concluir que, se os tentilhões, tatus, preguiças e outros animais haviam se transformado, outras criaturas também deveriam estar sujeitas ao mesmo processo.

Darwin ardia em um fogo intelectual alimentado por indagações. No entanto, enquanto naturalista celebrado, relutava arranhar sua reputação ao provocar controvérsias. Sabia que se seus conceitos fossem publicados, inflamariam um grande debate. Assim, continuou a trabalhar na sua teoria em segredo. Mas longe de se isolar, Darwin trocava correspondências com cientistas ao redor do mundo, valendo-se do conhecimento coletivo de uma geração de naturalistas de todo o planeta. Enviou milhares de cartas pedindo dados, fazendo perguntas, testando possibilidades. E um mar de informações inundou *Down House*.

Incansável, o naturalista derramava suas ideias e observações em blocos de notas que levava a todos os lugares. Frequentava o recém-inaugurado zoológico de Regent's Park, em Londres, onde observava os animais e interrogava os tratadores. Também conversava com criadores e agricultores, observando as técnicas para se originar animais e plantas com determinadas qualidades. Ele mesmo passou a criar pombos de diferentes espécies, os quais estudava e dissecava. Embora os pombos domésticos sejam todos descendentes de uma mesma espécie comum, Darwin notou que havia tantas diferenças entre eles, como consequência do trabalho de seleção que os criadores fizeram ao longo dos séculos, que um zoólogo, se os encontrasse na natureza, os classificaria como variedades separadas. A mesma coisa se dava com os cães, ou com o trigo. O cientista percebeu que as raças e variedades conhecidas foram, de fato, criadas artificialmente através da intervenção humana.

Darwin caricaturizado na revista satírica parisiense La Petite Lune, em agosto de 1878.

Darwin concluiu que a evolução não era um fenômeno que ocorria apenas em ilhas isoladas há muito tempo. Ao contrário, estava ali diante de seus olhos, realizada — artificialmente — por fazendeiros do mundo inteiro. Os cadernos de anotação de Darwin indicam que ele começava a acreditar que, como na geologia, com seu processo de erosão muito lento, quase imperceptivelmente pequenas mudanças aconteciam nos organismos vivos. Essas mudanças nas criaturas se tornavam evidentes apenas após períodos muito longos.

Conforme Darwin esclareceu anos depois, em 1877, quando estava no Beagle ainda acreditava na "permanência das espécies", mas encheu-se de dúvidas conforme fazia novas observações. Quando, porém, voltou para casa, no outono de 1836, escreveu:

> *Imediatamente comecei a preparar meu diário para publicação e então vi quantos fatos indicam a descendência comum das espécies, de forma que, em julho de 1837, comecei um caderno para registrar quaisquer fatos que pudessem esclarecer*

a questão. Mas não me convenci de que as espécies eram mutáveis até, penso eu, depois de dois ou três anos.

Faltava agora descobrir o mecanismo que leva à evolução. As peças do quebra-cabeça só se encaixaram em 1838, após ler o *Ensaio sobre o Princípio das Populações*, no qual o economista britânico Thomas Malthus (1766-1834) argumentava que o crescimento populacional é limitado pela disponibilidade de comida e outros fatores de pressão, como guerras e doenças. Darwin fundamentou sua ideia de seleção natural no conceito de Thomas Malthus, que expunha o crescimento populacional da Grã-Bretanha industrial e afirmava que isso teria um fim por conta da falta de alimentos. Esse conceito o ajudou a precipitar em sua mente o princípio chave da evolução: seleção natural.

Darwin associou a ideia de Malthus àquilo que observara na natureza, compreendendo as limitações para o crescimento das populações e, consequentemente, os fatores que favoreciam seu sucesso. Conforme o próprio Darwin registrou:

Thomas Malthus, cuja teoria ajudou Darwin a compreender a origem das espécies.

Em outubro de 1838, isto é, 15 meses depois que iniciei minha pesquisa sistemática, li por entretenimento Malthus sobre população e, estando bem preparado para apreciar a luta pela existência que em todo lugar prossegue a partir de longa e contínua observação dos hábitos dos animais e das plantas, entendi que sob tais circunstâncias as variações favoráveis tendem a ser preservadas e as desfavoráveis a serem destruídas. O resultado

O Homem Não Passa de Um Verme, caricatura da teoria de Darwin no almanaque *Punch* de dezembro de 1881, quando Charles Darwin lançou seu livro *A Formação de Mofo Vegetal Pela Ação dos Vermes*: a partir de um verme, a humanidade evolui até o gênio de Darwin.

disso é a formação de uma nova espécie. Finalmente, eu tinha uma teoria com que trabalhar.

O cientista percebeu que as criaturas vivas produzem muito mais descendentes do que o meio é capaz de sustentar. Alguns indivíduos morrem antes de ter filhotes. Outros vivem mais, pois têm melhor capacidade de sobreviver e de gerar prole.

A constatação se relacionava ao que ele havia observado nos tentilhões das ilhas Galápagos — tão importantes na concepção da teoria da evolução por meio da seleção natural que são hoje chamados de "tentilhões de Darwin". Apesar da semelhança entre as 14 espécies descobertas, cada uma delas tem uma forma particular de bico.

O naturalista imaginara que há muito tempo havia apenas uma espécie em todas as ilhas do arquipélago. Darwin também havia constatado em suas pesquisas que os indivíduos de uma espécie não são exatamente semelhantes uns aos outros. Seguindo essa linha de raciocínio, imaginou que alguns tentilhões poderiam ter nascido com bicos um pouco mais robustos do que os outros. Em uma ilha com sementes duras, era mais fácil para os tentilhões com bicos mais fortes se alimentar. Os tentilhões com bicos mais compridos e menores teriam mais dificuldade para comer essas sementes. Assim, naquela ilha, esses últimos não viviam muito. Os outros, mais adaptados ao ambiente particular da ilha, sobreviviam e passavam suas características adiante.

Dessa forma, a particularidade que ajuda a sobrevivência é transmitida para a outra geração, enquanto as características que não se adéquam ao meio não são passadas, ou passadas com menor frequência. Com o tempo, a população daquela ilha muda tanto a ponto de se tornar uma espécie separada. O cientista supôs que essa mesma força poderia explicar as mudanças em outras criaturas, como os fósseis de tatus e seus representantes modernos. Com base em suas minuciosas observações, Darwin termina por concluir:

> *Como nascem muitos indivíduos de cada espécie que não podem subsistir; e como consequentemente a luta pela existência se repete incessantemente, segue-se que todo ser que*

varia de modo a aproveitar da própria variação, ainda que em pequena escala e sob condições de vida complexas e muitas vezes variáveis, tem melhores chances de sobreviver e, portanto, ser naturalmente selecionado. A julgar pelo forte princípio da hereditariedade, toda a variedade que foi selecionada tenderá a propagar sua nova e modificada forma.

Darwin chamou de "seleção natural" o mecanismo que causa o processo que reconheceu como "transmutação das espécies", o qual mais tarde ficou conhecido como "evolução". Ele tinha feito uma das mais importantes descobertas da ciência.

Joseph Hooker, colaborador e amigo próximo de Darwin.

No entanto, espelhando-se no exemplo de Lamarck e de seu próprio avô Erasmus, os quais foram duramente criticados quando propuseram um sistema de evolução sem os dados necessários para apoiar suas teorias, Darwin continuava temendo se expor. Por conta disso, o naturalista só revelou o segredo que descobrira a poucos amigos. "Por fim, consegui esclarecer-me, e estou quase convencido (ao contrário da opinião que tinha a princípio) de que as espécies não são imutáveis — embora isso custe tanto como confessar um assassinato", escreveu a um de seus amigos e colaboradores mais próximos, o botânico Joseph Dalton Hooker (1817-1911). Darwin ainda trabalharia em silêncio na comprovação da sua teoria por vinte anos, coletando evidências que a sustentassem e registrando minuciosamente suas constatações.

Nesse período, Darwin estudou os detalhes de como os esqueletos de diferentes mamíferos são incrivelmente semelhantes. Constatou que seus membros têm os mesmos ossos, nas mesmas ordens, apenas com tamanho e forma alterados para se adequar a diferentes formas de vida. Observou a semelhança entre o desenvolvimento inicial de embriões de diversas espécies: peixes, répteis, aves, mamíferos e de humanos. Seu estudo comprovava a teoria que havia concebido. Cada vez mais, o cientista ficou convencido de que todas as criaturas vivas são aparentadas de alguma forma. Darwin passou a ver a história da vida na Terra como uma grande árvore genealógica. De fato, a conclusão de que as espécies evoluem o levou a conceber uma árvore da vida — aliás, a única ilustração de *A Origem das Espécies*. "Devo inferir

O codescobridor da origem das espécies Alfred Russel Wallace, em 1895.

por analogia que, provavelmente, todos os seres orgânicos que já viveram nesta Terra descenderam de uma única forma primordial, na qual a vida foi soprada pela primeira vez", escreveu Darwin no capítulo final de *A Origem das Espécies*. A vida começara a milhões de anos, no tronco da árvore, e nossos ancestrais evoluíram ao longo do tempo, dividindo-se e multiplicando-se através dos galhos dessa árvore. Hoje, as espécies contemporâneas correspondem aos galhos mais finos.

Por volta de 1842, Darwin começou a colocar suas ideias sobre seleção natural no papel. Seu primeiro rascunho tinha 35 páginas. Dois anos depois, já chegava a duzentas. Em

1857, ele voltou ao texto atualizando-o com novas evidências. Chamava o ensaio de "Teoria das Espécies". Temeroso de que seu trabalho se perdesse, Darwin chegou a pedir a Emma que publicasse seu texto se ele morresse repentinamente.

No entanto, prosseguia relutando em divulgar sua teoria. Continuava a estudar e a escrever em segredo, ao mesmo tempo em que realizava outras pesquisas e produzia novos livros e textos científicos. Um acontecimento inesperado, porém, veio mudar seus planos.

Em 1858, Darwin recebeu uma carta inusitada. O envelope indicava que havia sido postada no outro lado do mundo, na Malásia, remetida pelo naturalista e colecionador Alfred Russel Wallace (1823-1913). Anexo à carta, Wallace enviara um ensaio na esperança de que Darwin o ajudasse a publicar. O naturalista ficou chocado ao ler o documento. Wallace tinha as mesmas ideias que ele sobre seleção natural.

Alfred Russel Wallace nasceu em 1823 no País de Gales, um dos nove filhos de uma família pobre. Só frequentou a escola durante seis meses, mas, como Darwin, era naturalista nato e colecionador profissional. Wallace esteve nos trópicos, na Amazônia, em 1850 — uma visita fundamental para a construção da sua teoria. Nessa viagem, o naturalista viajou de Belém a Manaus e prosseguiu pelas desconhecidas regiões do Alto Rio Negro e pelo Uaupés, coletando borboletas e estudando a incrível diversidade dos peixes amazônicos, até chegar ao território venezuelano.

No dia 6 de agosto de 1852, depois de retornar a Belém, Wallace partiu para a Inglaterra. Mas o Helen, navio no qual viajava, se incendiou em alto-mar, queimando todas as coleções e diários que ele coletara. Depois de dez dias à deriva nos escaleres, sedentos e famintos, Wallace e os demais sobreviventes do naufrágio foram resgatados a cerca de 200 milhas da costa das Bermudas. Com ajuda da memória prodigiosa e das coleções de plantas e animais que enviara antes para a Inglaterra, Wallace começou a redigir seu primeiro livro. *Uma narrativa das viagens pelos rios Amazonas e Negro* foi lançado em 1853, fazendo grande sucesso.

Em 1857, Wallace estava coletando espécimes nas ilhas Molucas, no arquipélago malaio, quando intuiu, em um delírio de febre durante uma crise de malária, um conceito semelhante ao de Darwin. Buscando apoio, escreveu a esse renomado naturalista. Na carta, Wallace informava ter chegado a praticamente a mesma conclusão que Darwin. Num trecho, Wallace afirmava:

Não há limites de variação de uma espécie, como se supunha. A vida dos animais selvagens é toda de luta pela existência. A abundância ou raridade de uma espécie depende de sua maior ou menor adaptação às condições. As variações úteis tendem a aumentá-la, e as que são inúteis ou prejudiciais, a reduzi-la. Finalmente, as variedades superiores extirparão a espécie original. Na natureza, há tendência a progredir a passos minúsculos.

A missiva de Wallace foi um baque para Darwin. Ele ficou perturbado pelo problema ético que a informação criava. Se antes Darwin evitava divulgar suas ideias por temer chocar o mundo científico e religioso do seu tempo, agora ele se preocupava em perder o crédito pela descoberta que fizera.

A solução foi dada pelos amigos mais próximos da comunidade científica da qual Darwin participava. Eles sugeriram que as duas teorias fossem divulgadas simultaneamente. Assim, em 1 de julho de 1858, ambos os ensaios foram lidos durante a mesma reunião científica na Sociedade de Lineu. Joseph Dalton Hooker, um dos articuladores do encontro, leu primeiro as anotações sobre evolução que Darwin tinha escrito em 1844. Em seguida, leu o ensaio de Wallace, escrito em 1858. Alfred Wallace não estava na reunião — estava na Malásia. Mas Darwin também não compareceu. Havia perdido um de seus filhos dias antes e estava fechado em luto. No final das contas, ficou claro que Charles tinha feito a descoberta antes.

A revelação era notável. Se Darwin e Wallace tivessem razão, então quase todos os trabalhos de muitos cientistas veteranos estavam datados. Por outro lado, a nova tese apresentava um quadro de evolução contínua que explicava a relação entre fósseis de animais e plantas extintos e outras espécies modernas semelhantes. No entanto, a informação ficou restrita à pequena plateia que testemunhou o encontro. A maior consequência da reunião foi certamente o fato de Darwin finalmente decidir pela publicação da sua teoria, tarefa a que se lançou em seguida.

Em 24 de novembro de 1859, o livro de Darwin, intitulado *Sobre a Origem das Espécies por Meios da Seleção Natural*, ou a *Preservação das Raças Favorecidas na Luta pela Vida*, foi finalmente lançado. Para surpresa do autor, a primeira edição de 1250 cópias se esgotou rapidamente, sendo vendida em apenas dois dias. Desde então, *A Origem das Espécies* tem sido publicado ininterruptamente, considerado ainda hoje um dos mais importantes livros de ciência já escritos. "A ideia da evoução pela seleção natural é uma das mais importantes já produzidas por uma mente humana", colocou o escritor e biólogo da universidade de Oxford, Richard Dawkins (n. 1941). Segundo Dawkins:

> *O livro que propõe este conceito mudou por completo a visão de mundo até antes da sua publicação. O que Darwin conseguiu foi nada menos do que uma explicação completa para toda a diversidade e complexidade da vida. Não obstante, é uma ideia em si extremamente simples.*

De fato, as ideias revolucionárias propostas no livro são os pilares da biologia e da genética e estão presentes em muitas áreas da ciência moderna. Conforme colocou, em 1973, uma das figuras centrais do campo da biologia evolutiva, o geneticista ucraniano Theodosius Dobzhansky (1900--1975): "nada na biologia faz sentido, a não ser sob a luz da evolução". Sem dúvida, a teoria de Darwin representa uma das bases fundamentais da ciência moderna junto com a mecânica quântica e a relatividade.

A descoberta de Darwin explica fenômenos tão díspares quanto as superbactérias e a moderna epidemia de obesidade. Com relação às primeiras, os antibióticos aceleram a seleção entre as bactérias, beneficiando as cepas mais resistentes ao remédio. O motivo do grande número de obesos no mundo contemporâneo está no fato de a evolução ter premiado com a sobrevivência, em longos períodos de escassez de comida, os grupos humanos com maior capacidade de estocar gordura. Resultado: com a relativa abundância de alimento, as pessoas engordam mais facilmente.

A Origem das Espécies abalou os fundamentos do establishment. Mas apesar de ser uma das ideias mais importantes da ciência, havia uma grande lacuna que não foi preenchida pela descoberta da lei natural que explicava a origem da vida. Darwin nunca entendeu como as melhores características escolhidas pela seleção natural são preservadas e transmitidas de geração para geração. Em sua obra, ele não descreveu um mecanismo para a hereditariedade, e a atribuiu a minúsculas e hipotéticas "gemulas" que saíam dos tecidos até chegar aos órgãos sexuais, onde se multiplicavam e passavam para as outras gerações.

A questão só seria resolvida com o surgimento de uma nova ciência, a genética. Os estudos feitos com ervilhas pelo monge austríaco Gregor Johann Mendel (1822-1884) na década de 1870, estabeleceram que as características de cada indivíduo são transmitidas de pais para filhos pelo que ele chamou de "fatores", e que hoje se conhece como genes. As ervilhas de Mendel provaram cientificamente o processo concebido por Darwin. Em 1953, com a descoberta da dupla hélice do DNA pelos cientistas James Watson (n. 1928) e Francis Crick (1916-2004), o mecanismo por meio do qual a informação genética é transmitida através das sucessivas gerações foi finalmente compreendido. Dessa forma, Watson e Cricket terminaram de provar a teoria da evolução por meio da seleção natural, validando-a integralmente. Já não restavam mais dúvidas: Darwin estava certo.

A Revolução das Ideias

4

Uma Nova Cosmovisão

Todas as civilizações são construídas sobre valores fundamentais que determinam os modos e maneiras de uma certa cultura. Esses valores — cujo objetivo último é a sobrevivência das culturas que os criaram e adotaram — são expressos nos mitos primordiais das civilizações. Tais mitos são, por sua vez, sistematizados e empregados na regulamentação da vida comunitária por uma das mais antigas e influentes instituições sociais: a instituição religiosa. Embora o termo mitologia seja usado muitas vezes de forma pejorativa, de fato, a linguagem simbólica do mito é a base de todas as religiões mundiais, o fundamento que as embasa e as constitui. Tanto que esses mitos são encenados nos ritos de todas as grandes religiões.

De acordo com Joseph Campbell, os mitos adotados e sistematizados pelas religiões cumprem quatro funções que estabelecem valores sobre os quais as culturas são construídas.

A primeira é a função mística, que engloba a percepção e evocação do mistério que nos cerca, a maravilha que somos nós, o respeito e espanto perante esse mistério. "O mito abre o mundo para a dimensão do mistério", afirmou Campbell.

A segunda função é a sociológica. Os mitos criados e empregados pelas instituições religiosas suportam e validam uma determinada ordem social. E é aqui que os mitos variam tremendamente de lugar para lugar. "Há toda uma mitologia relacionada à poligamia e toda uma mitologia relacionada à monogamia", colocou Campbell. "Qualquer uma está certa; só depende do lugar onde você está!"

Outra caricatura de Darwin, publicada na revista *Vanity Fair* em setembro de 1871.

Emma Darwin idosa (c. 1903).

A função sociológica do mito estabelece a moral de uma civilização — como as introduzidas pelos profetas hebraicos do Velho Testamento —, normas que determinam como se comportar, o que vestir, o que comer, o relacionamento entre os sexos. O aspecto sociológico do mito ainda exerce forte influência no mundo de hoje. Grupos religiosos radicais que não toleram a imposição de novos usos e costumes, pois são contrários às interpretações que fazem dos seus textos sagrados, perturbam a instabilidade política. Por conta disso, parte significativa dos conflitos que existem atualmente envolve religião — são, conforme definiu o escritor iraniano-americano Reza Aslan, "guerras cósmicas".

A terceira função do mito é a pedagógica. Os mitos mostram como viver de forma sábia e profícua. Há importantes lições neles. "É essa terceira função do mito que penso que todos devam buscar hoje em dia", propôs Joseph Campbell.

Há ainda, segundo Campbell, uma quarta função do mito que se preocupa com a dimensão cosmológica. Os mitos, como a ciência, também buscam explicar a origem e a natureza de todas as coisas — do universo à vida na Terra.

Desse modo, a linguagem mítica, ou metafórica, adotada e usada pelas grandes religiões serve para situar o indivíduo no mundo, no cosmo, na sociedade e para orientar seus modos, maneiras e comportamentos ao longo das diferentes fases da vida. Ao estabelecer parâmetros a serem seguidos e respeitados, a religião acaba a moldar o caráter da pessoa, a dirigir seu comportamento, a determinar o modo como ela conduz suas relações, mostra como ela deve interpretar o mundo e sedimenta suas crenças. A religião — ou sua rejeição — é um dos maiores determinantes da identidade do sujeito. Também na sociedade seu papel é decisivo. Com efeito, por toda a história da civilização, a influência da religião tem sido marcante.

O Cristianismo e a Civilização Ocidental

Com a queda de Roma no Ocidente, em 476 d.C., a Europa foi varrida pelos exércitos de diversos povos conquistadores. Godos, visigodos, hunos, francos e outros perverteram a *pax romana*, literalmente incendiando o continente e fundando vários reinos bárbaros. Durante séculos, os grandes reis europeus não passavam de guerreiros incivilizados. Nesse período, nenhuma cidade da Europa Ocidental, nem mesmo a antes poderosa Roma, podia se comparar à magnificência dos centros urbanos orientais. Culturalmente atrasados, os europeus sofriam graves privações materiais e se agrupavam sob o domínio de líderes militares, de cuja proteção precisavam.

A única instituição importante que sobrou do império romano foi a Igreja. Por toda a Europa, seus bispos — quase sempre membros de famílias importantes — eram personagens fundamentais nos assuntos locais, assumindo tarefas antes executadas pelos funcionários imperiais. Dessa forma, a Igreja passou a exercer cada vez mais o papel que Roma representara: o de civilização.

A Igreja foi, de fato, uma instituição civilizadora. A diplomacia papal contribuiu para que emergisse um padrão de reinos cristãos a partir de uma Europa bárbara. Eram os papas que escolhiam os governantes e coroavam os reis. Dessa forma, a norma estabelecida era entendida como tendo sido ordenada por Deus — uma vez que os papas O representavam na Terra.

Por conta desses desenvolvimentos, durante o final da Idade Média e o começo da Idade Moderna, até cerca de 1650, a civilização ocidental se baseava em um princípio comum de fé, tradição e autoridade baseado e estabelecido pela Igreja cristã de acordo com seus textos sagrados. Era um sistema ordenado por meio da força "divina" da aristocracia, monarquia, propriedade da terra e autoridade eclesiástica. Mas esse sistema seria questionado e, finalmente, derrubado. Uma revolução de ideias traria uma nova cosmovisão que provocaria profundas mudanças estruturais na ordem política e social. Isso aconteceu a partir da troca gradual de um sistema de pensamento (o religioso), para outro (o científico). A forma como passamos a entender o mundo mudou, e as classes que haviam se estabelecido no poder, isto é, o clero e a nobreza, legitimadas pelos textos sagrados, perderam o "Mandato do Céu".

O questionamento à autoridade maior, a Igreja, começou no século XVI com a Reforma, mas foram as descobertas científicas de Galileu Galilei (1564-1642) e de Johannes Kepler (1571-1630) que colocaram em cheque essa cosmovisão e promoveram uma torrente de novas ideias, às quais conduziriam o Ocidente — e posteriormente o

Fotografia de Charles Darwin feita em 1855 por Maull e Polyblank para o Literary and Scientific Portrait Club. Em uma carta de Darwin para um correspondente datada de maio de 1855, Charles comenta essa foto: "Se minha expressão é realmente tão má quanto minha fotografia mostra, é surpreendente que eu tenha um único amigo."

mundo — à modernidade. Galileu e Kepler demonstraram que a Terra não era o centro do universo, conforme atestava a Bíblia. Mostraram, portanto, que os textos sagrados estavam equivocados. Consequentemente, a cosmovisão e os princípios políticos e sociais nela baseados começaram a ser revistos.

A partir de aproximadamente 1650, todos os aspectos da ordem estabelecida, não importava o quanto fossem fundamentais ou o quão profundamente estivessem enraizados, foram questionados sob a luz da ciência e da razão filosófica. Esse questionamento, liderado por filósofos como René Descartes (1596-1650) e Baruch Espinosa (1632-1677), levou à substituição gradual dos conceitos estabelecidos — não apenas de concepções comuns sobre a humanidade, sociedade, política e o cosmos, mas também sobre a veracidade da Bíblia — pelas novas ideias geradas pela chamada Nova Filosofia e por aquilo que podia ser classificado como Revolução Científica. A reação por parte dos domínios cristãos e de diversos setores da sociedade inflamou uma verdadeira guerra de ideias.

No final do século XVIII, outro golpe abalaria ainda mais as fundações da verdade bíblica. As descobertas científicas no campo da geologia e achados fósseis indicavam que a idade da Terra era diferente do que a proposta pelos estudiosos da Bíblia. Até então, a história bíblica da criação mostrava que o mundo tinha menos do que seis mil anos de idade. Ao contar as "gerações" citadas na Bíblia de Adão até Jesus, James Ussher

(1581-1656), arcebispo de Arnagh, na Irlanda, deduziu, em 1650, que a criação aconteceu no anoitecer anterior ao domingo, 23 de outubro de 4004 a.C., pelo calendário juliano. (Algumas fontes afirmam que foi às 9 da manhã, e algumas atribuem a determinação do momento da criação ao clérigo John Lightfoot [1602-1675], vice-reitor da Universidade de Cambridge.)

As descobertas geológicas e de fósseis jogaram ainda mais lenha na fogueira que incendiava o mundo intelectual europeu, e uma nova controvérsia surgiu, dessa vez entre as teses da criação e da evolução. Muita gente em todos os níveis da sociedade ficou inquieta por conta dessa grande mudança intelectual e cultural e reagiu negando as novas ideias. Outros pensadores buscaram, por sua vez, conciliar religião e ciência, no que foram bem-sucedidos. Após os veementes debates intelectuais que inflamaram e dividiram a Europa nos dois séculos anteriores, no início dos anos 1800, essas duas esferas do pensamento humano haviam sido, de forma geral, conciliadas.

O estudo da palavra de Deus na Bíblia e das suas obras na natureza passara a ser considerado como duas esferas de uma mesma verdade. Tal ideia harmônica entre ciência e religião originou um tipo de pensamento religioso conhecido como "teologia natural", apresentada em uma das obras mais populares de teologia escritas na época, *Natural Theology, or Evidences of the Existence and Attributes of the Deity* (Teologia Natural, ou Evidências da Existência e Atributos da Divindade) publicada em 1802 por William Paley (1743-1805).

Esse livro foi amplamente lido e debatido durante a primeira metade daquele século e era parte do currículo das universidades de Oxford e Cambridge. Paley afirmava que a existência de Deus podia ser provada por meio da uniformidade do plano observável no universo. Essa evidência da natureza de Deus, especialmente sua benevolência, estava no mecanismo que permitia aos organismos executar tarefas específicas. Paley usou a "perfeição" do olho humano para exemplificar esse mecanismo.

A harmonização entre ciência e religião proposta pela teologia natural era divulgada por diversos estudiosos em tratados científicos. O professor de geologia de Oxford William Buckland (1784-1856) escreveu, por exemplo, artigos intitulados *Provas do Plano (Divino) na Estrutura dos Fósseis de Vertebrados, Provas do Plano na Estrutura de Fósseis de Vegetais* e outros títulos semelhantes. Em um de seus tratados, Buckland discutiu um mamífero extinto, o Megatherium, a preguiça gigante.

Alguns dos fósseis do *Megatherium* foram descobertos por Darwin, na América do Sul durante a viagem do Beagle, e o animal havia sido reconstruído a partir dos restos fossilizados. Mas por conta do seu enorme tamanho e proporções aparentemente desajeitadas, alguns especialistas acharam que o animal estivera condenado desde o início a um rápido declínio. A constatação levantou a questão sobre como um Deus perfeito poderia ter criado tal animal.

Buckland observou que o animal era "uma monstruosidade em sua forma exterior", mas argumentou que sua

100

organização interna e seus hábitos, deduzidos do estudo de anatomia e fisiologia comparada, mostravam que a criatura era perfeitamente adaptada à natureza.

No entanto, mesmo a tentativa de conciliar religião e ciência proposta pela teologia natural não deixou de despertar controvérsia com algumas orientações religiosas. Alguns teólogos afirmavam que não se deve procurar na natureza a evidência da existência de Deus. A fé, argumentavam eles, não devia se basear nas observações e inferências da razão, mas, sim, na autoridade da Igreja e dos seus líderes.

Os embates entre religião e ciência no fórum de debates intelectuais da Europa estavam nesse estado mais ou menos estável quando, em 1859, Charles Darwin publicou sua descoberta embasada em evidências científicas claras e irrefutáveis sobre a origem das espécies por meio da seleção natural. O que a constatação de Darwin implicava era nada menos do que a criação sem um Criador.

A obra de Darwin tomava, assim, o lugar do modelo de Paley de uma criação planejada inteligentemente e o substituía por uma teoria de adaptações funcionais, adquiridas por meio de um processo de variação aleatória e acumuladas através da seleção natural. Conforme o próprio Darwin observou em sua *Autobiografia*:

> *O antigo argumento do plano na natureza, conforme proposto por Paley, e que antes me parecia tão conclusivo, falha agora que a lei da seleção natural foi descoberta. Não parece haver um plano* [divino] *na variação dos seres*

orgânicos e na ação da seleção natural, mais do que há na direção da qual sopra o vento.

Uma nova batalha na duradoura guerra entre ciência e religião estava prestes a começar.

6

O Debate

Um fator a nutrir continuamente o embate entre a ciência e a religião é, conforme colocou o microbiólogo francês e prêmio Nobel de medicina Jacques Monod (1910-1976), "o fato de que a ciência ultraja os valores [*defendidos pelas religiões*] é uma verdade absoluta". Com relação à teoria de Darwin, o ultraje foi especialmente enervante.

Embora a publicação de *A Origem das Espécies* não tenha, de fato, introduzido a controvérsia sobre a teologia natural, a descoberta revelada no livro tornou os debates mais polêmicos, polarizando ainda mais a ciência e a teologia. A tese de Darwin e as evidências que a sustentavam desafiavam acintosamente a autoridade da Bíblia com relação às explicações sobre a origem da vida. Imediatamente, houve grande interesse nas implicações religiosas do livro.

Alguns autores cristãos liberais apoiaram abertamente as ideias de Darwin, interpretando-as à luz da religião como um instrumento do plano de Deus. Um dos leitores mais ávidos de Darwin foi o teólogo anglicano Charles Kingsley (1819-1875). Kingsley, professor de história moderna em Cambridge, escreveu a Darwin logo após a publicação de *A Origem das Espécies*:

> *Gradualmente, aprendi a ver* [a teoria] *como um conceito nobre da divindade, a crença de que Ele criou formas primárias capazes de se autodesenvolverem em todas as formas necessárias pro tempore e pro loco, crendo que Ele precisava de um novo ato de intervenção para preencher as lacunas que Ele mesmo criou.*

Kingsley, dessa forma, incorporava a teoria da evolução em uma visão da natureza que sustentava o plano divino da criação. Suas observações vieram de encontro às expectativas de Darwin, e ele as publicou na segunda edição de *A Origem das Espécies*.

Como Kingsley, outros também entenderam a descoberta de Darwin como corroborando a ideia de um plano divino na evolução da vida. Um dos mais próximos correspondentes e principais colaboradores foi o botânico americano Asa Gray (1810-1888), um presbiteriano devoto. Gray ajudou a publicar *A Origem das Espécies* nos Estados Unidos e escreveu uma série de artigos nos principais jornais do país. A correspondência entre Darwin e Gray é especialmente rica em discussões sobre o plano divino na natureza. Fica claro a partir desse debate que havia diferentes versões da teologia natural e posições diversas sobre o papel de Deus na natureza.

O botânico argumentava que a seleção natural não era inconsistente com a teologia natural. De acordo com Gray, Darwin apenas disse que a natureza procede de acordo com leis fixas. Ele havia estudado tão somente as causas secundárias e não as causas primária. Darwin havia, segundo Gray, deixado perguntas sobre a origem da vida e sobre o desígnio das leis da natureza abertas para os teólogos responderem. A resposta de Darwin foi, de novo, entusiástica. Ele elogiou os artigos de Gray e financiou sua publicação em um panfleto que foi distribuído na Inglaterra.

Caricatura de Darwin
(*O Venerável Orangotango*) fazendo alusão à origem da nossa espécie, publicada em março de 1871 na revista satírica *The Hornet* (A Vespa).

Nem mesmo a Igreja da Inglaterra negou as evidências. Não obstante, desenvolveu uma estratégia sofisticada para responder às implicações da teoria de Darwin à verdade bíblica. Uma estratégia que permanece até nossos dias. Rowan Williams (n. 1950), arcebispo de Canterbury, afirmou em 2008 que a Igreja da Inglaterra julga a evolução conforme proposta por Darwin "muito plausível", mas complementou sustentando que "Deus é o poder, ou a inteligência, que dá forma a todo esse processo".

Mas, se alguns setores mais liberais buscaram usar Darwin para endossar a ideia do plano divino, muitas denominações cristãs negaram veementemente — como já vinham fazendo desde a apresentação da teoria de Lamarck — a proposição de Darwin afirmando que o mundo e o universo haviam sido criados conforme exposto na Bíblia.

O Homem ocupava, segundo a Bíblia, um lugar especial na criação, designado para reinar sobre toda a obra do Senhor como uma espécie de filho preferido. Além de implicar que a Terra e suas criaturas não haviam sido criadas por Deus, a descoberta de Darwin demonstrava que a vida não era regida por uma moral divina, mas por leis cruéis e selvagens.

De fato, para alguns, o darwinismo é uma ideia chocante por eliminar a moral divina que supostamente rege a criação. O maior dramaturgo de língua inglesa do século XX, o irlandês George Bernard Shaw (1856-1950), traduziu bem esse sentimento no prefácio de *Back to Methuselah* (De Volta a Methuselah), o conjunto das cinco únicas peças de ficção científica produzidas pelo autor, publicadas em 1921. Abordando o darwinismo, Shaw escreveu:

> *Quando seu significado assenta sobre você, seu coração afunda dentro do peito como se estivesse em um monte de areia. Há nela* [na descoberta de Darwin] *um fatalismo abominável, uma redução horripilante e maldita da beleza e da inteligência, da força e do propósito, da honra e da aspiração.*

Em seu desenho da árvore da vida, o homem é um galho tal como outro qualquer — uma espécie dotada de inteligência superior, porém, gerada pelos mesmos mecanismos de diferenciação e seleção que produziram as plantas, insetos, peixes e pássaros. A mera sugestão de que o *Homo sapiens* era uma forma evoluída de primata — e não um ser especial criado por Deus — foi suficiente para detonar uma batalha entre ciência e fundamentalismo religioso que persiste até nossos dias.

Asa Gray, botânico que apoiou as ideias de Darwin, em 1864.

No livro *A Descendência do Homem e Seleção com Relação ao Sexo* (1871), Darwin demonstrou que somos animais que evoluíram. Somos o quinto símio superior (os outros quatro são os gibões, os orangotangos, os chimpanzés e os gorilas). Ele percebeu que os grandes macacos africanos são nossos parentes mais próximos. Com efeito, na África, há cerca de cinco ou seis milhões de anos, existiu um antropóide do qual descendem os homens e os chimpanzés, nossos parentes mais próximos na árvore genealógica da vida. A semelhança entre essas duas espécies é tão grande que o paleontólogo, político e ambientalista

Thomas Huxley, que foi apelidado "O Buldogue de Darwin", pela sua defesa apaixonada da evolução das espécies.

Richard Leakey (n. 1944) sugere que, se se acasalassem, humanos e chimpanzés poderiam gerar filhos da mesma forma que o jumento e a égua. Tal implicação da obra de Darwin também trouxe para a arena de debates outra vertente de ideias, além das defendidas pelos teólogos naturais e pelos intérpretes literais da Bíblia. Assim, o conceito da evolução foi igualmente adotado pelos defensores do ateísmo para promover sua causa e, por conta disso, Darwin também foi criticado, acusado de estimular a descrença em Deus.

Thomas Henry Huxley (1825-1895), um dos membros do círculo íntimo de Darwin, o qual promovia com tanto vigor a teoria da evolução pela seleção natural que foi apelidado de "Buldogue de Darwin", foi além do ateísmo radical e criou o termo *agnóstico* para descrever o conceito de que a existência de Deus não pode ser conhecida ou provada. Dessa forma, ele nem negava nem afirmava Deus. Sustentava apenas que essa entidade, se de fato existir, não pode ser conhecida pela mente humana. Darwin também assumiu essa postura.

A grande polêmica entre ciência e religião exacerbada pela descoberta de Darwin e sustentada pelas diferentes correntes de ideias teve seu clímax no famoso Debate Sobre a Evolução, que aconteceu no Museu de História Natural da Universidade de Oxford, em 30 de junho de 1860. Diversos cientistas e filósofos britânicos proeminentes se engajaram na discussão sobre a evolução das espécies — entre eles Joseph Dalton Hooker e o capitão Robert Fitzroy, de certa forma patrono a contragosto da descoberta de Darwin. Fitzroy, que se opunha ferozmente aos conceitos de Darwin, compareceu envergando uniforme militar e munido de uma Bíblia para conferir poder espiritual às suas posições. O autor da teoria controversa, porém, não estava presente. Apesar de estar muito doente na ocasião, o que o impediria de qualquer forma de ir, Darwin dissera que "preferia morrer a tomar parte no combate de Oxford". Como de costume, o cientista evitava as multidões. Entre os defensores do evolucionismo estava Thomas Henry Huxley. Como Asa Gray, Huxley escreveu uma série de artigos sobre *A Origem das Espécies*, mas apresentou uma visão completamente diferente, na qual os críticos de Darwin eram classificados de literalistas bíblicos ou superconservadores. O debate seria uma oportunidade de responder diretamente a esses literalistas. O próprio lorde-bispo de Oxford, Samuel Wilberforce (1805-1873), peso pesado dos críticos de Darwin, participaria do encontro.

O bispo de Oxford era conhecido pela eloquência no púlpito e por seus escritos eclesiásticos e morais. Seu discurso abolicionista garantiu que ele conquistasse influência entre a família real. Wilberforce foi confessor do príncipe Albert e esmoler (encarregado, portanto, das obras de caridade) da rainha Vitória. Na verdade, ele não era apenas bispo, mas lorde-bispo, membro, desse modo, não só do clero, mas da Casa dos Lordes. Soma-se a esse prestígio todo o fato de ele também ser membro da Royal Society, uma das mais conceituadas sociedades científicas de então.

O negacionista Samuel Wilberforce em caricatura publicada na revista Vanity Fair na época do debate com Thomas Huxley.

O auditório estava repleto. De um lado, as senhoras acenavam com o lenço seu apoio ao bispo de fala aveludada e língua afiada; do outro, os partidários de Darwin se opunham ao conservadorismo do *Soapy Sam*, algo como "Samuel Ensaboado", como haviam apelidado Wilberforce, uma vez que tinha sido descrito como um sujeito de maneiras "saponáceas".

O bispo não usou apenas seus conhecimentos científicos para argumentar contra a teoria de Darwin, mas também procurou ridicularizar sua tese. Buscando fechar sua exposição com chave de ouro, Wilberforce se voltou para Huxley e fulminou a zombaria: "o cavalheiro se diz descendente de um macaco pelo lado materno ou pelo paterno?".

Embora não haja qualquer registro do que realmente foi dito nesse debate — que passou a ser conhecido na história da ciência como "Debate Huxley-Wilberfoce" —, a resposta de Huxley teria desmontado seu oponente. Ao ouvir a pergunta do bispo, Huxley teria sussurrado ao veterano pioneiro da ortopedia britânica Benjamin Brodie (1793--1862): "o Senhor o entregou em minhas mãos". Então, o Buldogue de Darwin se ergueu e passou a rebater o argumento de Wilberforce, concluindo que ele "preferiria muito ter macacos por antepassados pelo lado materno e pelo paterno a descender de um homem que emprega seu brilhantismo e talento para instigar preconceitos religiosos na discussão de assuntos dos quais nada sabe". A ousadia foi tanta que a plateia se quedou em silêncio. Uma senhora chegou a desmaiar ao presenciar a autoridade eclesiástica ser desafiada daquele jeito.

Apesar de os partidários de Wilberforce comemorarem seu famoso comentário, o consenso foi de que Huxley havia levado a melhor. Conforme registrou em carta uma testemunha do debate: "o sentimento no final da reunião estava muito contrário ao bispo".

Mesmo com o passar dos anos, a inimizade de Huxley por Wilberforce não se desfez. Em 1873, o bispo faleceu em um acidente, ao cair de seu cavalo. Huxley não perdeu a oportunidade para comentar que, finalmente, o cérebro de Wilberforce tinha entrado em contato com a realidade.

Darwin assistia aos debates que sua obra provocara à distância, sem participar e sem manifestar sua crença pessoal. Isso só mudou com a decisão, aos 67 anos, de escrever suas memórias. Mesmo assim, ele não as registrava para o grande público, mas para sua família. No domingo 28 de maio de 1876, Darwin começou a tarefa. Em um capítulo intitulado *Crença Religiosa*, cronologicamente situado antes do seu casamento, ele discute abertamente os antagonismos com Emma sobre esse tema. De início, Darwin admite que não desejava renunciar à sua fé, e tentou "inventar evidência" que apoiasse os Evangelhos. Esse esforço sofreu, porém, uma lenta "morte natural", da mesma forma que sua crença no "cristianismo enquanto revelação divina".

O processo foi vagaroso, desenvolvendo-se na medida em que descobria as evidências que confirmavam sua teoria:

> *Gradualmente, comecei a ver que o Velho Testamento, a partir da sua história manifestadamente falsa do mundo, com a Torre de Babel, o arco-íris como sinal etc, etc, e a partir da sua atribuição dos sentimentos de um tirano raivoso ao caráter de Deus, não devia ter mais crédito do que os livros sagrados dos hindus, ou as crenças de qualquer bárbaro.*

Mas Darwin era comedido e não descartava a visão da teologia natural, com a qual simpatizava, conforme, como vimos, atesta sua correspondência com o botânico americano Asa Gray e o clérigo britânico Charles Kingsley. Darwin escreveu:

> *Outra convicção na existência de Deus vinda da razão e não dos sentimentos teve muito mais peso sobre mim. Isso derivou da extrema dificuldade, ou melhor, impossibilidade,*

Annie, a filha mais próxima de Charles, em 1849.
Annie viria a falecer de tuberculose em 1851.

de conceber este imenso e maravilhoso universo, inclusive o homem com sua capacidade de ver o passado e o futuro, como resultado de uma coincidência cega ou necessidade. Ao refletir assim, sinto-me inclinado a ver uma primeira causa que possui uma mente inteligente em algum grau análoga à do homem; e mereço ser chamado de teísta.

Com o tempo, porém, essa visão "teísta" cedeu. "Essa conclusão ficou forte em minha mente durante algum tempo, até, se não me engano, quando escrevi *A Origem das Espécies*, e desde então ela vem gradualmente se tornando mais fraca".

Um golpe forte na fé de Darwin foi a morte de sua filha preferida, Annie, a qual o conquistara com seus carinhos e atenção, em 23 de abril de 1851, depois de uma doença longa e excruciante. O acontecimento trouxe uma nova percepção das trágicas circunstâncias naturais que envolvem todos os seres vivos. Darwin amargou a perda, pois já não acreditava em existência após a morte: "com relação à vida futura, cada homem deve julgar por si mesmo as probabilidades vagas e conflitantes (de isso acontecer)", escreveu ele a um correspondente.

Darwin terminou por adotar a posição traduzida pelo termo cunhado por Thomas Huxley: "agnóstico é a descrição mais correta do meu estado de espírito", afirmou ele em uma carta reveladora escrita em 1879 a John Fordyce, um escritor de livros sobre ceticismo. No mesmo texto, ele confessa: "nunca fui um ateu no sentido de negar a existência de Deus". Mas admitia igualmente que "o mistério do começo de todas as coisas é insolúvel para nós; e eu devo me contentar em permanecer um agnóstico".

A fama que Darwin conquistou fez com que milhares de pessoas escrevessem a ele a fim de esclarecer dúvidas diretamente. As perguntas abrangiam todos os tipos de especulação, inclusive sobre religião. "Metade dos tolos de toda Europa me escrevem para me fazer as mais estúpidas perguntas", reclamou ele. Em uma dessas respostas a um leitor curioso, Darwin afirmou: "sinto informá-lo de que não acredito na Bíblia como uma revelação divina e, portanto, também não creio que Jesus Cristo seja filho de Deus". Não obstante, Darwin se abstinha de atacar diretamente as Igrejas ou o clero: "não posso me lembrar de ter publicado uma única palavra diretamente contraria à religião ou ao clero". De fato, no livro *A Descendência do Homem*, Darwin estabelece que via a religião e as "qualidades morais" por ela disseminadas como importantes características da evolução social humana.

O cientista acreditava que ataques à religião eram infrutíferos. Conforme escreveu ao secularista Edward Aveling (1849-1898):

> *Embora eu seja um forte defensor do livre pensamento em qualquer assunto, parece-me (seja isso certo ou errado) que argumentos diretos contra o cristianismo e o teísmo não produzem qualquer efeito no público; e a liberdade de pensamento é mais bem promovida pela gradual iluminação resultante dos avanços científicos das mentes dos homens. Sempre, portanto, procurei evitar escrever sobre religião e me concentrei na ciência.*

Darwin em óleo sobre tela de John Collier, pintado em 1883 com base em foto de 1881.

Apesar de seu agnosticismo, Darwin não deixou de se aproximar da Igreja enquanto instituição. Talvez isso fosse por influência da esposa, Emma Wedgwood, ou uma forma de harmonizar um ponto de discórdia entre os dois. Quando Darwin começou a cortejar a prima para se casar, depois da viagem do Beagle, ele lhe contou em segredo a respeito das suas ideias sobre transmutação das coisas vivas — o início da sua teoria da evolução —, e ela se preocupou. Emma achava que, se eles se casassem, não teriam permissão de se encontrarem no paraíso depois da morte de ambos, uma vez que as ideias daquele jovem não se alinhavam com a crença cristã. Darwin escreveu a Emma uma carta tranquilizadora. Ela aceitou suas afirmações e, em janeiro de 1839, eles se casaram.

Em 1842, os Darwin, Charles e Emma, se mudaram para a vila de Downe, nos arredores de Londres. Logo depois, ele começou a participar do trabalho paroquial e se tornou um grande amigo do reverendo John Brodie Innes (1817-1894), responsável por suprir assistência espiritual à comunidade. O papel do pastor em uma paróquia como Downe não envolvia apenas a realização dos serviços religiosos, mas também a supervisão da escola e das obras de caridade, bem como o serviço de juiz de paz. Em muitas aldeias inglesas havia uma distribuição da responsabilidade entre o pároco e o principal proprietário de terras.

Embora não fosse a mais proeminente figura de Downe, Darwin era um rico cavalheiro e claramente sentia-se responsável pelo bem-estar da comunidade. Assim, mesmo sendo agnóstico, o cientista contribuía com a igreja, ajudava

Emma Darwin com seu décimo filho Charles Waring Darwin, que morreu antes de seu segundo aniversário.

com a assistência social e até mesmo propôs e ajudou a fundar uma sociedade beneficente, a Sociedade dos Amigos de Downe, da qual foi tesoureiro e mantenedor.

Em 1864, Innes se mudou para uma propriedade que havia herdado na Escócia, mas continuou patrono da paróquia de Downe. Para ajudá-lo, nomeou seu velho amigo Charles Darwin. A correspondência de ambos mostra que Innes pedia ajuda e conselhos sobre os assuntos paroquiais. Darwin também colaborava com Innes esclarecendo notícias sobre os reverendos que o substituíram. O envolvimento do naturalista com a igreja local terminou em 1871, quando o reverendo George Finden assumiu a paróquia e começou a impor suas ideias. Depois de se desentenderem, Darwin se retirou do comitê paroquial e cortou sua doação anual à igreja. Mesmo assim, continuou trabalhando na Sociedade dos Amigos de Downe.

Quando faleceu, em 19 de abril de 1882, aos 73 anos, Darwin tencionava ser enterrado no jazigo da família, junto à sua filha preferida, Annie. A elite inglesa — inclusive o clero — exigiu, porém, que ele fosse sepultado na Abadia de Westminster, local tradicionalmente reservado ao descanso eterno das figuras nacionais mais proeminentes. Paradoxalmente, a Igreja da Inglaterra abria seu terreno mais sagrado para receber os restos de um homem que, em vida, havia contradito suas santas escrituras. O vulto de Charles Darwin, sua contribuição à ciência e à humanidade, era assim reconhecido até mesmo pela instituição que mais combatia sua descoberta.

O Homem de Darwin

7

A Evolução Futura do Ser Humano

Como todos os outros seres vivos — animais e vegetais, também nós, os *Homo sapiens*, evoluímos de espécies diferentes até chegarmos ao que somos hoje. Os hominídeos, a família à qual o *Homo sapiens* pertence, originaram-se há cerca de sete milhões de anos com o aparecimento do primeiro proto-humano conhecido, o *Sahelanthropus tchadensis*. Desde então, surgiram diversas novas espécies de hominídeos. Pelo menos nove delas são conhecidas, mas certamente há ainda outras ocultas nos escassos registros fósseis de nossa família.

As novas espécies se originaram sempre que um pequeno grupo de hominídeos se separava de uma população maior e, assim, permanecia isolado ao longo de várias gerações, em meio a condições que favoreciam o desenvolvimento de diferentes adaptações a ponto de não conseguirem mais se reproduzir com a população de origem. De acordo com os registros fósseis, o *Homo sapiens* surgiu há aproximadamente 195 mil anos, onde hoje é a Etiópia. Dali se espalhou por todo o globo. Por volta de 10 mil anos atrás, humanos modernos já haviam se estabelecido em todos os continentes, exceto a Antártida. As adaptações aos diversos ambientes levaram ao desenvolvimento das raças humanas.

Todos os traços humanos foram adquiridos ao longo da nossa evolução — até mesmo nossos sentimentos e emoções. Tudo, portanto, o que nos faz humanos resulta da nossa história evolutiva. De acordo com a Psicologia Evolutiva, uma das disciplinas que compõe a Sociobiologia, a ciência que busca integrar conceitos biológicos ao estudo do comportamento humano, nossa mente é o produto da atividade cerebral, e o cérebro, órgão responsável por ela, tem sua história evolutiva. Todas as partes do cérebro humano podem ser encontradas no cérebro do chimpanzé e dos outros mamíferos. O cérebro não é simplesmente uma rede neural construída aleatoriamente. Os produtos do cérebro — autopercepção, emoções, linguagem, formas de pensar — são estratégias de conquista, de sobrevivência, de acasalamento. As emoções disparadas pelo mundo físico, como medo e nojo, têm uma origem claramente evolucionária. Da mesma forma, valores como gratidão, simpatia e confiança podem também ter uma base evolucionária. Assim, a Sociobiologia entende que o comportamento social humano é influenciado por processos biológicos.

"Não há nada no ser humano que não seja explicado por leis biológicas", declarou em uma entrevista o biólogo Mário de Pinna, vice-diretor do Museu de Zoologia da

USP. "A cultura tem origem biológica e, sendo assim, está sujeita também às leis da evolução". Pinna sustenta que o ser humano continua a ser moldado pela seleção natural, tanto culturalmente quanto biologicamente. "Evolução nada mais é do que uma mudança na frequência de genes ou suas combinações ao longo do tempo numa população", afirma o biólogo.

Os genes são copiados de uma geração a outra ao longo do tempo. Em seu livro *Selfish Gene* (Gene Egoísta), o biólogo Richard Dawkins introduz a ideia de que os genes são imortais, uma vez que são o único elemento que sobrevive através de gerações. Dawkins chama de "gene egoísta" aquele que "luta" para ser transmitido à próxima geração. Pode-se dizer, então, que as características altruístas estão no gene "egoísta", uma vez que este traço gera indivíduos mais colaborativos e, consequentemente, pais que protegem melhor a sua prole, garantindo desta forma a sobrevivência da espécie.

Assim, a cooperação, a ética, as leis e a política podem ser traços do processo evolutivo. O altruísmo, manifestado na forma de apoio, de sinais de aviso quando da aproximação do inimigo, pode ser visto em diversas espécies. Dawkins propõe que a origem desse altruísmo, em algum ponto da evolução, está ligada ao cérebro. O altruísmo, como qualquer outro comportamento, deve ter evoluído ao longo do tempo conforme o cérebro evoluiu.

Talvez essas qualidades altruístas e morais não tenham sido transmitidas através da seleção natural, mas sim a partir de outro mecanismo igualmente importante: a seleção sexual. Da mesma forma que a fêmea do pavão é atraída pelas exuberantes penas de macho — o que na verdade se trata de um empecilho para a sobrevivência da ave, uma vez que a atrapalha na fuga dos predadores —, as humanas tendem a serem atraídas por atributos como o altruísmo na escolha do seu parceiro.

O estudo da história evolutiva da nossa espécie encerra pelo menos duas perguntas inevitáveis: a espécie humana ainda está evoluindo? E se estiver, como será o futuro da evolução humana?

Com relação à primeira questão, os cientistas estão divididos. Alguns estudiosos argumentam que o isolamento geográfico de diferentes grupos — fator fundamental para a especiação, isto é, para o surgimento de novas espécies — tem sido reduzido pela facilidade de transporte e pela queda de barreiras sociais que antes mantinham os grupos humanos separados. De fato, a mobilidade da humanidade pode estar deflagrando a homogeneização da espécie.

Outro fator a respaldar o argumento de que a evolução do *Homo sapiens* cessou é o fato de a seleção natural estar sendo frustrada pela ação da tecnologia e dos avanços médicos e farmacológicos. Em muitas partes do mundo, a mortalidade infantil diminuiu sobremaneira. Homens e mulheres com defeitos genéticos, que antes seriam fatais, agora sobrevivem e têm filhos.

O geneticista Sérgio Pena, da Universidade Federal de Minas Gerais (UFMG), enfatiza essa visão. "A evolução humana, do ponto de vista biológico, acabou", declarou Pena. "Temos uma cultura que vai diretamente contra a seleção natural. Temos a medicina: pessoas que deveriam morrer não morrem". Hoje, segundo o geneticista, a única seleção relevante é a cultural: "Evoluímos tanto que um dos produtos da nossa própria evolução é uma maneira de evoluir. Tomamos as rédeas do nosso próprio destino como espécie".

Mas se provavelmente não daremos origem a uma nova espécie, estudos recentes indicam que possivelmente os humanos ainda estão evoluindo. O paleontólogo Peter Ward admite que "há alguns anos a maior parte dos cientistas teria defendido a ideia de que a evolução física humana cessou". O próprio Ward, em seu livro *Future Evolution* (A Evolução Futura), propõe que dificilmente a humanidade evoluirá numa nova espécie. No entanto, num artigo de 2009, o paleontólogo observa:

> *As técnicas de DNA que investigam genomas, tanto atuais quanto do passado, desencadearam uma revolução no estudo da evolução e indicam que ainda estamos evoluindo. O Homo sapiens não apenas sofreu uma ampla mistura genética, desde que a espécie foi formada, como o índice evolucionário humano cresceu. Assim como outros organismos, desde que a nossa espécie apareceu, passamos pelas mais dramáticas mudanças na forma de nosso corpo, mas continuamos a apresentar mudanças geneticamente induzidas na psicologia e talvez também no comportamento. Fato que ocorreu bem recentemente na história humana é que as raças, em várias partes do mundo, vêm se tornando cada vez menos distintas. Mesmo hoje, as condições da vida moderna podem propiciar mudanças nos genes para certos traços de comportamento.*

As observações de Ward são sustentadas pelo antropólogo da Universidade de Utah, Henry C. Harpending. Num estudo publicado em 2008, Harpending divulgou os resultados da análise do mapa haplótipo (a combinação dos alelos — isto é, de cada uma das formas alternativas de um mesmo gene — que não se encontram em equilíbrio de ligamento) internacional do genoma humano. Harpending estudou os marcadores genéticos de 270 pessoas de quatro grupos: chineses étnicos, japoneses, iorubás e norte-europeus. O antropólogo descobriu que pelo menos 7% dos genes humanos sofreram evolução relativamente recente, há cerca de cinco mil anos. Muitas das alterações envolveram adaptações a meio ambientes específicos, tanto naturais quanto criados pelo homem. Por exemplo, poucas pessoas na China e na África conseguem digerir leite fresco quando adultos, enquanto quase todas as pessoas na Suécia e Dinamarca fazem isso. Essa habilidade provavelmente surgiu como uma adaptação à produção de laticínios.

Outro estudo feito por Pardis C. Sabeti, da Universidade de Harvard, comparou dados provenientes de conjuntos de variações genéticas para procurar sinais de seleção natural no genoma humano. Mais de 300 regiões no genoma mostraram evidências de alterações recentes. Algumas das modificações observadas por Sabeti se referem à resistência ao vírus da febre de Lassa e à resistência parcial a outras doenças, como a malária entre algumas populações africanas, mudanças na pigmentação da pele e desenvolvimento de folículos capilares entre asiáticos e a evolução de pele clara e olhos azuis entre europeus do norte.

A equipe de Henry Harpending, antropólogo da Universidade de Utah, e John Hawks, da Universidade de Winscosin-Madison, estimou que nos últimos 10 mil anos os humanos evoluíram pelo menos 100 vezes mais rapidamente do que em qualquer outro momento desde que os primeiros hominídeos se separaram dos ancestrais dos modernos chimpanzés, há cerca de cinco milhões de anos. A equipe atribuiu essa aceleração à variedade de ambientes para onde os humanos se mudaram e a alterações nas condições de vida provocadas pela agricultura e urbanização. Não foram apenas as mudanças trazidas pelo fim da vida nômade, proporcionado pelo advento da domesticação das plantas e animais há aproximadamente dez mil anos, mas também a combinação de condições sanitárias, introdução de dietas diferentes e o surgimento de novas doenças.

Com relação à segunda pergunta chave sobre a evolução humana, ou seja, "Como será o futuro dessa evolução?", os cenários e opiniões são ainda mais diversos. Além da evolução genética impulsionada pela seleção natural, outros aspectos têm papel relevante no cenário evolutivo futuro. Para se analisar melhor essa questão, deve-se considerar que a evolução humana se desenvolve em pelo menos quatro áreas distintas. Quando os futuristas projetam o futuro da humanidade, afirmam que há na verdade perspectivas diferentes para cada uma dessas áreas de evolução humana.

De acordo com Linda Groff, professora de Ciência Política e Estudos Futuros da Universidade Estadual da Califórnia, as quatro áreas principais da evolução humana futura são: a física (a evolução físico-químico-geológica do Universo e da Terra); a biológica (temos os mesmos impulsos, instintos e processos físicos automáticos que todos os outros seres do reino animal); a cultural e tecnológica (isto é, a evolução cultural de todos os nossos comportamentos socialmente aprendidos, os quais envolvem todos os tipos de organização social, valores, crenças, ideias, mitos e símbolos, inclusive tecnologia); e a evolução da consciência (nossa capacidade de despertar e de nos tornar conscientes de todas as outras áreas da evolução, o que nos permite usar nossa intuição e criatividade para impulsionar a evolução de novas maneiras). "Todas essas instâncias afetam os seres humanos, tornando-os seres complexos e de níveis múltiplos, os quais incorporam aspectos de todos os estágios de evoluções anteriores que irão, sem dúvida, influenciar o futuro da evolução humana", escreveu Groff em 2007.

Essas quatro áreas maiores de evolução humana serão, no futuro próximo ou médio, influenciadas e modeladas por muitos fatores e tendências tanto positivos quanto negativos, inclusive eventos inesperados. Não só os acontecimentos irão influenciar nossa evolução futura, mas a forma como respondemos a eles irá determinar se iremos apenas sobreviver ou evoluir para além daquilo que hoje caracteriza o ser humano, ou, ainda, se iremos ser extintos.

A possibilidade de extinção não é remota. Nick Bostrom, diretor do Instituto do Futuro da Humanidade da Universidade de Oxford, acredita que as evidências atuais não garantem que a evolução humana aponte para uma direção favorável. Os cenários atuais indicam que a "competição evolutiva", conforme Bostrom afirma, levará à extinção dos organismos que sustentam a vida. A única forma de evitar esse quadro é assumindo o controle sobre a evolução.

Alguns dos fatores que ameaçam a sobrevivência da humanidade — e de outras espécies — já estão sendo identificados. Muitos desses fatores estão sendo causados pelos próprios humanos. A mudança climática global, o crescimento populacional, a escassez de água e os perigos da guerra e terrorismo nucleares podem determinar sérios problemas à continuidade do *Homo sapiens*. O aquecimento global, se continuar no ritmo atual, pode levar ao derretimento das calotas de gelo — um fenômeno que já está ocorrendo — e o consequente aumento do nível dos oceanos, causando a submersão de áreas e cidades costeiras, com efeitos geopolíticos enormes provocados pelos refugiados ambientais.

Da mesma forma, o crescimento populacional faz com que os humanos se apropriem de cada vez mais ecossistemas, levando à extinção da vida animal e vegetal, transformando terra fértil em deserto, o que provocará fome e diminuirá ainda mais as reservas de água potável. A pobreza continua a ser um problema a pressionar a humanidade e a levar a ações extremas como a violência urbana. Os perigos da proliferação nuclear pelos grupos terroristas continuam a ser dominantes no debate político mundial. Esses perigos são impulsionadores evolutivos, pois provocam mudanças na medida em que nos forçam a tomar atitudes frente a esses problemas.

Ainda em seu livro *Future Evolution*, o paleontólogo Peter Ward analisa o impacto antropogênico no planeta e estabelece cenários futuros. Nos próximos mil anos, de acordo com Ward, a humanidade lutará para sustentar uma população de cerca de 11 bilhões de pessoas. Até lá, o aquecimento global terá aumentado o nível dos oceanos, e a camada de ozônio estará muito afetada. A maior parte da terra será reservada à agricultura por conta da demanda por alimentos. Apesar disso, a vida oceânica deverá resistir à maioria dos impactos. O próximo milênio deverá ser, de acordo com Ward, uma era de extinção que durará até dez milhões de anos.

O paleontólogo lista as espécies com potencial de sobreviver em um planeta infestado de humanos. Entre essas formas de vida estarão ervas como o dente-de-leão e animais como quatis, corujas, porcos, gado, ratos, cobras e corvos. Esses animais e plantas já estão pré-adaptados para sobreviver em um mundo onde os humanos assumiram proporções de praga. Ward descreve os depósitos de lixo do futuro, repletos de diferentes espécies de ratos, uma cobra que desenvolverá uma língua grudenta como a dos sapos para capturar roedores e porcos com focinhos adaptados para localizar alimento em meio ao lixo. Ward também prevê corvos que se alimentam de carne humana.

Outro fator considerado pelos futuristas com relação à possibilidade de extinção humana é que ela seja causada por desastres naturais. Eventos de grande impacto com consequências catastróficas, como erupções vulcânicas, terremotos, bem como fenômenos climáticos extremos, têm potencial de eliminar a raça humana, abrindo caminho, como aconteceu com a extinção dos dinossauros há cerca de 65 milhões de anos, para a evolução de novas espécies.

De fato, alguns cientistas afirmam que já estamos passando pela sexta grande extinção em massa das espécies do planeta. A quinta extinção em massa foi a que provocou o desaparecimento dos dinossauros. Não há dúvidas de que uma grande crise ambiental está se desenvolvendo em função das atividades humanas e de sua grande população. Em áreas como a Bacia Amazônica, a qual está sendo desmatada rapidamente, muitas espécies estão desaparecendo antes mesmo de sua descoberta e identificação. Por conta da complexidade dos sistemas ecológicos, onde todas as espécies de um dado ecossistema são interdependentes, se uma espécie for extinta, pode afetar todo o sistema, ameaçando a sobrevivência das espécies relacionadas.

Ao analisar o efeito da extinção das espécies, os futuristas destacam dois importantes fatores relacionados com a evolução humana. O primeiro deles é que 99,9% de todas as espécies que já existiram nesse planeta, estão hoje extintas. Não há, portanto, garantia de que a espécie humana, ao menos em sua forma presente, continue a existir para sempre. Em segundo lugar, a humanidade provavelmente não teria se desenvolvido sem a extinção anterior dos dinossauros, a qual permitiu que pequenos répteis com as primeiras características dos mamíferos evoluíssem nos mamíferos atuais e nos humanos. Não temos ideia das consequências no longo prazo que a extinção de tantas espécies trará. Os futuristas sabem apenas que as implicações serão marcantes e poderão, inclusive, determinar o fim do *Homo sapiens*.

Há, por outro lado, aspectos positivos que podem colocar a evolução futura da humanidade num caminho melhor.

Entre eles, os muitos avanços tecnológicos, a necesidade de mudanças sociais no sentido de incluir as populações menos favorecidas e a conscientização da crise ambiental pela qual estamos passando (o que fomentaria respostas eficientes para reverter as ameaças que nos afetam) podem modificar o desenvolvimento humano, da mesma forma como fizeram os progressos tecnológicos do passado, quando a humanidade passou pelas eras agrícola, industrial e da informação, conforme observou o futurista Alvin Toffler (1928-2016).

Toffler definiu três ondas de desenvolvimento ou revolução tecnológica humana, as quais determinaram nossa evolução. A primeira foi a revolução agrícola, que aconteceu no início do período Neolítico, há cerca de dez mil anos, quando os humanos domesticaram as plantas e animais. Esse desenvolvimento permitiu que o Homem se estabelecesse em cidades e abandonasse a vida nômade — o que possibilitou o advento da civilização. Com a fundação das cidades, a humanidade teve possibilidade de acelerar o desenvolvimento da cultura e de novas tecnologias. A Era Agrícola, que durou milhares de anos, incluiu diversos subestágios, como a formação das primeiras aldeias ainda no período Pré-Histórico. Posteriormente, desenvolveu-se nos impérios da Antiguidade, os quais produziram a escrita, a Astronomia e o escravismo.

A onda seguinte, segundo Toffler, foi a Revolução Industrial, quando começou a migração do campo para as cidades e fábricas. Foi o início da era de produção em massa. A Revolução Industrial durou aproximadamente 200 anos. Mais recentemente, a terceira onda trouxe a revolução da informação, permitindo o armazenamento, disponibilização e análise de dados do nível macro de todo o universo de disciplinas direcionadas ao nível micro, em escala subatômica, representado pelas telecomunicações, internet e a revolução digital. Acredita-se que a internet venha a se tornar a infraestrutura de um cérebro global da humanidade. É interessante notar que cada era subsequente ocorreu de maneira muito mais rápida do que as eras anteriores.

Assim, a questão sobre como será a evolução futura da humanidade envolve a análise das tecnologias atuais e o que a humanidade fará com tal conhecimento, isto é, nossas próprias escolhas. Diversas revoluções tecnológicas estão ocorrendo hoje. As áreas da Nanotecnologia, da Biotecnologia, da Infotecnologia e da Tecnologia Cognitiva — chamadas de NBIC, conforme a sigla em inglês — podem indicar os rumos futuros com relação à influência tecnológica sobre a evolução humana. Outra área promissora nesse sentido é a de tecnologia espacial, a qual engloba exploração extraterrestre, industrialização de recursos espaciais e colonização exterior.

A revolução biotecnológica está se desenvolvendo rapidamente. Técnicas como divisão e recombinação de DNA, onde novos genes substituem os defeituosos, clonagem e as pesquisas com células-tronco abrem um novo leque de possibilidades evolutivas. O mapeamento do genoma humano, realizado por Francis Collins para o governo americano, e por Craig Ventner, para a sua própria empresa, em 2000, possibilitou o estudo da relação entre os genes e diferentes doenças hereditárias. A intervenção genética afetará diretamente a futura evolução da humanidade. Os pais poderão alterar geneticamente seus filhos ainda não nascidos para melhorar sua inteligência, aparência e longevidade.

Peter Ward prevê a evolução a partir dos avanços biotecnológicos da seguinte forma:

> *Se as crianças forem tão espertas quanto longevas, com um QI de 150 e expectativa de vida de 150 anos, poderão ter mais filhos e acumularão mais riqueza que os outros. Socialmente, serão provavelmente atraídos por outros do seu tipo. Considerando algum tipo de segregação social ou geográfica autoimposta, seus genes podem se acumular e, eventualmente, se diferenciar como uma nova espécie. Um dia, então, teremos em nosso poder a possibilidade de produzir uma nova espécie humana.*

Os futuristas também debatem sobre se a tecnologia possibilitará o surgimento de uma forma de vida independente, baseada no silicone conforme proposto pelo inventor e futurista Ray Kurzweil e pela World Transhumanist Association (Associação Transhumanista Mundial). Há ainda a questão sobre como a tecnologia irá interagir com os humanos no futuro — tanto na sociedade como por meio do implante de dispositivos no próprio corpo. A nanotecnologia pode permitir tais avanços. A revolução nanotecnológica está assumindo dois rumos. O primeiro deles é no sentido de alterar a configuração atômica ou estrutura das moléculas, permitindo a fabricação de qualquer coisa a partir do nível molecular. A segunda tendência no campo da nanotecnologia está sendo desenvolvida pela Iniciativa Nacional de Nanotecnologia (NNI, de acordo com a sigla em inglês), do governo dos Estados Unidos. A NNI busca criar robôs, ou nanobôs, em escala minúscula, que executam diversas funções nas áreas de saúde e outras.

Entre os avanços tecnológicos atuais com potencial de afetar a evolução humana também está a infotecnologia. Além da revolução da informação e da internet, a inteligência artificial tem evoluído a ponto de levar alguns estudiosos, como Ray Kurzweil, a afirmar que por volta de 2030 as máquinas irão passar no Teste de Turing — proposto em 1950 por Alan Turing para determinar se um programa de computador é ou não inteligente. A partir de então, os homens e mulheres não serão mais capazes de distinguir as respostas provenientes de uma máquina daquelas elaboradas por humanos. Kurzweil também sustenta que, ao redor de 2050, um ponto de "singularidade" será alcançado, onde a velocidade computacional das máquinas irá ultrapassar a do cérebro biológico humano, levando à transferência da inteligência humana às máquinas, como um estágio seguinte da evolução humana.

Não há dúvidas de que a interface entre humanos e máquinas será um tema que afetará cada vez mais o futuro da evolução humana. Peter Ward aventa a possibilidade de uma "Era Ciborgue", onde a simbiose com máquinas determinaria o final da nossa evolução.

Esse ponto de vista foi explorado por George Dyson no seu livro de 1998, *Darwin Entre as Máquinas*: "Tudo o que os seres humanos estão fazendo para tornar mais fácil operar

137

redes de computadores é, ao mesmo tempo, mas por razões diferentes, tornar mais fácil para as redes de computadores operarem os seres humanos".

Nick Bostrom propôs uma visão de como a transferência do cérebro humano para computadores poderia significar nossa destruição. Inteligência artificial avançada poderia encapsular vários componentes da cognição humana e reagrupá-los em algo que não seja mais humano, o que nos tornaria obsoletos. Bostrom previu o seguinte curso de eventos:

Algumas pessoas fariam a transferência e muitas cópias de si mesmas. Enquanto isso, ocorreria um processo gradual em neurociência e inteligência artificial e, finalmente, se tornaria possível isolar módulos cognitivos individuais e conectá-los a módulos de outras mentes transferidas (...) Módulos que estivessem de acordo com um padrão comum seriam mais capazes de se comunicar e cooperar com outros módulos e seriam, portanto, economicamente mais produtivos, criando uma pressão para padronização (...) Pode não haver um lugar apropriado para construções mentais do tipo humano.

A tese da transferência do cérebro humano para máquinas é, porém, contestada por alguns futuristas, como Linda Groff. De acordo com Groff: "a visão é reducionista no sentido do significado do que envolve ser humano, em parte porque [*os proponentes dessa tese*] reduzem a consciência humana a apenas o cérebro físico".

A revolução espacial é outro importante fator que poderá determinar o futuro da evolução da nossa espécie.

Alguns cientistas afirmam que a ida ao espaço pelos humanos é um passo evolucionário tão significativo quanto o advento do primeiro organismo que deixou o mar e conquistou a terra. A conquista do espaço, a qual inclui exploração, industrialização e colonização espacial, estende o habitat humano ao ambiente terra-espaço. A humanidade já começou a deixar o seu planeta natal para explorar o sistema solar e a galáxia. Colônias espaciais são uma meta futura. Dessa forma, os humanos estenderiam

O lançamento do satélite Sputnik 1 marcou o início da Era Espacial.

o ambiente de seu planeta, transformando um ambiente espacial, conferindo a ele características terrestres, primeiro no nosso sistema solar e, finalmente, na galáxia. Aqui não é possível prever os desdobramentos dessa iniciativa. Com o tempo, através da maior interação com o meio, as pessoas começarão a modificar o seu comportamento de forma a se integrarem a um novo ambiente. Com as colônias espaciais, as pessoas não só irão passar períodos maiores no espaço, mas tenderão a estabelecer colônias permanentes, isolando-se assim da população humana original — fator essencial para a especiação.

Linda Groff propõe que tais colônias espaciais permanentes receberão o apoio de diferentes governos ou grupos particulares da Terra. Cada uma dessas colônias terá provavelmente diferentes filosofias, ideologias e sistemas de crenças que serão reproduzidos em sua colônia espacial. Pode-se prever, a exemplo do que já foi observado ao longo da história humana, que essas colônias espaciais irão, a certa altura, declarar sua independência das instituições terráqueas. Os habitantes das colônias espaciais estariam vivendo em ambientes totalmente diferentes e enfrentando diversos desafios no espaço. Certamente, esses colonos sentirão que podem determinar suas necessidades e seu futuro melhor do que as metrópoles na Terra.

Um fator que pode acelerar a independência das colônias espaciais permanentes é a provável alteração da estrutura física de seus habitantes. No espaço, o corpo humano pode evoluir, conforme responde à gravidade zero, tornando-se mais alongado e incapaz de tolerar a gravidade da Terra, impossibilitando o retorno dos colonos ao seu planeta mãe. De acordo com os estudos realizados pela NASA sobre fatores humanos no espaço, os descendentes desses colonos podem evoluir de forma a se tornar no futuro uma nova espécie de humanóides.

Outra questão que os futuristas consideram com relação à colonização do espaço pela nossa espécie é a interação entre humanos e extraterrestres — caso seja provada sua existência. Sabe-se que a vida não é exclusividade do nosso planeta: ela pulsa em todo o Universo.

Um indicativo de que a vida também existe fora da Terra foi a descoberta, em agosto de 1996, feita por cientistas da NASA e da Universidade de Stanford, de um meteorito de origem marciana contendo um aparente microorganismo em estado fóssil. O meteorito, batizado de ALH84001, um fragmento de quase 2 kg da crosta de Marte coletado em 1984 na Antártida, onde teria caído há 13 mil anos, mostra um conjunto de compostos e estruturas que sugeriam origem biológica. Os cristais de magnetita teriam sido biominera-lizados há 3,9 bilhões de anos, ou seja, antes dos primeiros microfósseis terrestres. Na verdade, o ALH84001 não é o único meteorito a apontar para a vida extraterrestre. Vários outros apresentam aminoácidos de origem extraterrestre que se formaram, possivelmente, por adesão molecular catalisada por grãos de silicato da poeira interestelar.

Há, de fato, uma teoria de que a vida na Terra teria sido trazida do espaço. Recentemente, cientistas alemães disseram ter observado novos indícios que reforçam essa tese. Os pesquisadores do Instituto Max Planck, de Katlenburg-Lindau,

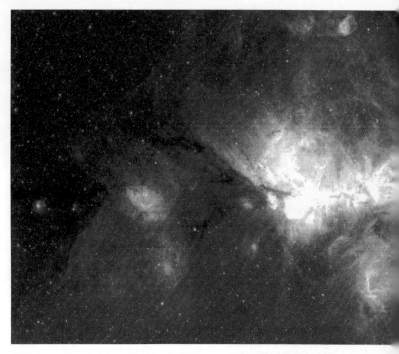

A Nebulosa da Pata do Gato, na Via Láctea, localizada na constelação do Escorpião.

afirmaram ter descoberto no espaço, através da sonda americana *Stardust*, moléculas que constituem uma das premissas para a produção de material hereditário. As coenzimas teriam chegado ao nosso planeta através de poeira cósmica trazida por cometas. Essas moléculas são responsáveis pela criação dos primeiros materiais genéticos por meio de combinações de nitrogênio e dióxido de carbono. Os indícios mostram que a evolução química da Terra, iniciada há 3,6 bilhões de anos, pode ter ocorrido devido à queda de poeira cósmica. Considerando-se que anualmente caem cerca de quatro mil

toneladas de material estrelar no planeta, não seria impossível que essas "sementes espacias" contendo o gérmen da vida auxiliassem o processo evolutivo do planeta.

Segundo Oscar Matsuura, pesquisador aposentado do Museu de Astronomia e Ciências Afins, no Rio de Janeiro, e especialista em astrobiologia:

> *O carbono, oxigênio, nitrogênio, fósforo, cálcio e ferro do nosso corpo fizeram parte de alguma estrela. Temos, portanto, um nexo genético ou parentesco com as estrelas.*

Temos, também, certeza de que jamais poderíamos existir se não fossem as estrelas.

Na verdade, a ideia de uma vida fora da Terra é um corolário da evolução cósmica. Afinal de contas, a matéria que está no planeta contém os mesmos elementos químicos presentes em praticamente todo o Universo. Além disso, as leis físicas que vigoram aqui também vigoram no Cosmos. "Não há razão aparente para a evolução cósmica convergir única e exclusivamente para a vida na Terra. Ao contrário, o surgimento da vida, desde que as condições sejam propícias, é quase um imperativo", sustenta Matsuura.

Há realmente um consenso na comunidade científica de que, com certeza, diferentes formas de vida pululam no Universo. A micropaleontologia, que descobriu fósseis de organismos simples datando de até 3,8 bilhões de anos, fornece a base empírica. Por conta da certeza da existência da vida extraterrestre, fundamentou-se uma nova disciplina, a Astrobiologia ou Bioastronomia. Seu objetivo é estudar na Terra e no Universo a origem, a evolução e a distribuição da vida e das moléculas a ela relacionadas.

A Astrobiologia considera forte a possibilidade de haver vida extraterrestre inteligente. A vida inteligente requer mais de uma centena de bilhões de células, diferenciadas em um organismo altamente complexo e, portanto, a seleção natural cumulativa exige um tempo extremamente longo. Dessa forma, de acordo com Mário Livio, físico teórico do Space Telescope Science Institute (Instituto de Ciência Telescópica Espacial), as civilizações extraterrestres estariam desabrochando justamente agora — como a nossa — por toda a galáxia: "como todas as mangas de todas as mangueiras amadurecem sob o Sol do início de verão". Para chegar a essa conclusão, Lívio se baseia em uma possível relação causal entre o tempo de vida do Sol e o aparecimento de vida inteligente na Terra. Os primeiros seres inteligentes surgiram sobre a Terra há pouco menos de 4 milhões de anos, quando o Sol se encontrava mais ou menos no meio da sua vida. Segundo Lívio, qualquer outra estrela como o Sol só será capaz de desenvolver vida inteligente em algum de seus planetas depois de transcorrido um tempo semelhante desde a sua formação. Além disso, o próprio planeta tem de desenvolver diversos fatores que são necessários ao aparecimento de organismos vivos. O tempo de "preparação" desses fatores não pode, portanto, variar muito de um planeta para outro semelhante. Assim, as civilizações extraterrestres estariam surgindo ao mesmo tempo em que a nossa. E é possível, em tese, até mesmo estimar o número provável dessas civilizações extraterrestres em nossa galáxia.

Em 1961, o astrônomo Frank Drake (n. 1930), fundador do projeto SETI (sigla de *Search for Extra Terrestrial Inteligence*, ou Busca por Inteligência Extraterrestre) publicou uma equação que pretende fornecer o número de civilizações inteligentes e que desenvolveram tecnologia em nossa galáxia.

Por ter desenvolvimento semelhante ao nosso, essas civilizações seriam capazes de emitir sinais detectáveis por nós, assim como de detectar sinais que nós emitimos — chamados pelos astrônomos de "civilizações comunicantes". Para calcular o número de civilizações, segundo Drake, deve-se multiplicar sete termos ou parcelas: o número de estrelas que se formam por ano na nossa galáxia; a fração, dentre as estrelas formadas, que possui sistema planetário; o número de planetas com condições de desenvolver vida por sistema planetário; a fração desses planetas que de fato desenvolve vida; a fração, dentre os planetas que desenvolvem vida, que chega a vida inteligente; a fração, dentre os planetas que chegam à vida inteligente, que desenvolve tecnologia; e, finalmente, a duração média, em anos, de uma civilização inteligente.

Segundo Renato Las Casas, professor da Universidade Federal de Minas Gerais (UFMG): "a equação de Frank Drake é simples, mas chegar a valores razoáveis para cada uma dessas sete parcelas é extremamente difícil e complicado". Fazendo considerações norteadas pelos conhecimentos científicos atuais, que envolvem Astronomia, Biologia, História e Antropologia, Las Casas e sua colega Divina Mourão chegaram a um resultado que chamaram de "visão otomista", ou seja, o número máximo possível de civilizações comunicantes em nossa galáxia. A conclusão dos pesquisadores é de que há 1 milhão de civilizações, só na Via Láctea, que além de inteligentes, desenvolveram tecnologia e são capazes de se comunicar conosco.

As considerações dos exobiólogos levam os futuristas a propor que, se de fato existir uma espécie alienígena inteligente humanóide como sugerem os estudos e se houver realmente um encontro seguido de interação entre estes e humanos, isso poderá ser feito por meio de um conflito e guerra, ou de uma forma pacífica.

A primeira hipótese depende das tecnologias e armas de destruição em massa disponíveis — o que poderia levar à aniquilação da vida neste planeta. Com relação à segunda hipótese, o relacionamento pacífico poderia levar à especulação colocada pela futurologista Linda Groff de que indivíduos de diversas espécies humanas e alienígenas poderiam formar casais e produzir filhos, criando novos híbridos e expandindo o pool genético das gerações futuras no processo, da mesma forma como o casamento entre pessoas de diferentes raças é uma consequência inevitável das interações entre as pessoas deste planeta.

Assim, o amanhã da humanidade tem tantas incógnitas quanto traz diversas possibilidades: da permanência daquilo que somos hoje enquanto espécie, devido à impossibilidade de isolamento total de indivíduos num ecossistema específico, ao cruzamento com humanóides alienígenas; de mudanças genéticas à interface com máquinas; da evolução de um novo ser durante o processo de colonização do espaço à extinção da nossa espécie devido aos problemas ambientais que nossa civilização tem provocado, ou mesmo pela ação de uma causa externa, como aconteceu com o choque do meteoro que provocou a extinção dos dinossauros...

Vale notar, porém, que estamos seguindo um rumo evolutivo diferente daquele descoberto por Charles Darwin. Apesar das ameaças naturais, a tecnologia — e não mais a seleção natural — nos conduzirá ao próximo passo da nossa evolução. A atual revolução tecnológica já nos dá ideia do que as futuras gerações viverão. Esse vetor aponta na direção de um admirável mundo novo, o qual depende, principalmente, das escolhas que iremos fazer.

DARWIN
A Revolução da Evolução

Contextualização

A publicação do livro *A Origem das Espécies* por Charles Darwin em 1859 demonstrou a Lei da Evolução, e isso gerou uma verdadeira revolução na forma como o mundo era percebido. A descoberta de Darwin abalou profundamente diversos ramos do conhecimento humano, como a ciência, a religião e a organização social.

A partir da nova luz lançada por Darwin, diferentes perspectivas foram abertas, e muitas questões passaram a ser levantadas. A ciência, por exemplo, teve de lidar com a necessidade de reinterpretar conceitos que haviam sido estabelecidos por séculos. A religião, por sua vez, encarou a possibilidade de a vida não ter sido criada em um ato divino, mas sim por meio de um processo evolutivo natural. Além disso, a Lei da Evolução trouxe à tona reflexões sobre a organização social. O homem passou a ser visto como um ser em constante evolução e adaptação ao meio, o que gerou debates acerca de temas como o darwinismo social, a eugenia e o racismo.

Contextualização

A descoberta da Lei da Evolução por Darwin foi uma das maiores descobertas científicas de todos os tempos e seu impacto é sentido até hoje. De fato, essa teoria é estudada, debatida e aprimorada, contribuindo para a evolução da ciência e da compreensão do mundo que nos cerca. A descoberta de Charles Darwin sobre como as espécies evoluem mostrou como as forças biológicas que fazem as espécies mudarem e criarem novos seres, o que ajudou a desenvolver teorias sobre a vida humana e a organização da sociedade.

Mas a descoberta de Darwin foi distorcida, especialmente quando a "seleção natural" foi vista como a "lei do mais forte". Isso levou a interpretações erradas que resultaram em perseguições e apoio ao racismo. Algumas pessoas usaram as ideias de Darwin para justificar a competição entre as sociedades humanas, e isso acabou sendo muito perigoso.

Darwinismo Social

Em meados do século XIX, em plena Revolução Industrial, a descoberta de Darwin parecia legitimar a ação das classes sociais dominantes, as quais expandiam sua riqueza explorando os trabalhadores. Assim, não tardou para que os princípios biológicos da seleção natural — "a sobrevivência do melhor adaptado" — fossem distorcidos, e o mecanismo biológico fosse aplicado às áreas social, política e econômica.

A ideia passou a ser conhecida como darwinismo social. O termo surgiu pela primeira vez em 1879 em um artigo de Oscar Schmidt publicado na revista *Popular Science*. Um ano depois, a palavra aparecia novamente em um tratado anarquista divulgado em Paris, Le Darwinisme Social, de Émile Gautier. No entanto, até meados do século XX, o uso desse termo era raro. Foi o influente livro do historiador americano Richard Hofstadter (1916-1970), *Social Darwinism in American Thought* (O Darwinismo Social no Pensamento Americano), de 1944, que popularizou o termo.

Apesar de o nome só ter se desenvolvido posteriormente, as sementes do darwinismo social foram plantadas antes da publicação de *A Origem das Espécies*, em 1859. O fundador dessa corrente foi um contemporâneo de Darwin, Herbert Spencer (1820-1903). Na verdade, Spencer, um dos primeiros filósofos sociais, era rival de Darwin. Ele já concebia ideias sobre evolução antes da publicação de *A Origem das Espécies*. A sua teoria da evolução precede, na verdade, à de Darwin, mas não se sustentou por conta da falta de evidência. De fato, foi Spencer, e não Darwin, que criou a frase hoje universal "sobrevivência do mais apto" (apesar de Darwin vir a usá-la nas edições posteriores de *A Origem das Espécies*). Embora sua teoria da evolução não tenha sido influente na Biologia, suas implicações nos campos da Psicologia e Sociologia foram importantes.

O darwinismo social acabou sendo usado para justificar diversas ações extremas. O conceito de "sobrevivência do mais apto" levou os darwinistas sociais a propor que os ricos são melhor adaptados ao clima social e econômico da sociedade capitalista. O conceito de seleção natural permitiu-lhes argumentar que era normal e apropriado para o mais forte

Contextualização

se desenvolver à custa do mais fraco. A sobrevivência do mais adaptado não só era natural, mas moralmente correta.

Os mais radicais sustentavam que era incorreto dar assistência àqueles que fossem mais fracos, pois isso promoveria a sua sobrevivência e fomentaria a reprodução dos inadequados. Afinal de contas, afirmavam os darwinistas sociais, é isso o que acontece na natureza.

Na época em que Spencer começou a promover seus conceitos, a tecnologia, economia e governos da Europa Ocidental eram mais avançados do que outras culturas. Ao observar essa vantagem aparente, assim como as estruturas econômicas e militares europeias, alguns pensadores argumentaram que isso acontecia em função da seleção natural e que, portanto, a raça branca, mais bem adaptada, deveria prevalecer sobre as outras. Hoje, sabemos que esse pensamento é muito equivocado.

Dessa forma, o colonialismo era visto como natural e justificado através da moral proposta pelo darwinismo social — os países ricos viam suas colônias como mais fracas e menos adaptadas à sobrevivência. Era, portanto, justificado que a sua terra e recursos fossem tomados. Assim, a teoria deu moral a governos coloniais brutais que lançavam mão de métodos opressivos contra os colonizados.

O darwinismo social também foi aplicado nas ações militares: o exército mais forte deveria vencer por ser melhor adaptado. As baixas do lado perdedor eram resultados naturais da sua condição inferior.

Até mesmo a divisão social era justificada e estimulada pelo darwinismo social. Entendia-se que a pobreza era causada por indivíduos portadores de traços hereditários inadequados. E conforme o mecanismo da seleção natural, os indivíduos mais adaptados (ou "mais fortes") deveriam sobreviver e progredir na sociedade, enquanto os mais fracos e não adaptados, perecer. Por isso, os menos favorecidos socialmente não deveriam receber qualquer ajuda por parte do Estado. O darwinismo social se opunha à educação universal, ao bem-estar social e ao salário-mínimo — em resumo, qualquer coisa que interfira na ascensão das pessoas "superiores" ao topo da sociedade e na redução e eliminação dos não-adaptados.

Esse conceito errado foi um ingrediente de peso no desenvolvimento do pensamento capitalista. No mundo dos negócios, a competição darwiniana é encarada como absolutamente natural — e necessária. "O forte sobrevive, o fraco perece" foi um lema adotado por muitos capitalistas no início do século XX. De fato, muitos economistas veem a evolução pela seleção natural como um elemento importante da teoria econômica moderna.

Os problemas com a filosofia do darwinismo social são muitos. Essa filosofia política assume que o que é natural é o mesmo que o que é certo e errado. Isso significa que acreditam que o que acontece na natureza deve ser um modelo moral para os humanos seguirem. Isso é um erro conhecido como "falácia naturalista". Esse erro pode levar a más interpretações, como acreditar que membros de uma família que têm propensão a câncer não devem ser tratados porque é natural, ou que uma criança com um braço quebrado não deve receber tratamento porque o acidente foi natural. Este

Contextualização

problema foi resolvido por um pensador chamado David Hume, que explicou que "ser" não é necessariamente o mesmo que "dever ser".

O próprio Darwin rejeitava a ideia de que o processo natural que havia descoberto pudesse ter qualquer aplicação útil nas sociedades humanas. Darwin acreditava que a luta pelos recursos naturais levava os indivíduos com certos traços físicos e mentais a terem sucesso com maior frequência do que outros, e esses traços acumulados na população ao longo do tempo podiam, sob certas condições, levar os descendentes a ser tão diferentes daqueles que os originaram que seriam definidos como uma nova espécie.

Entretanto, Darwin percebeu que "instintos sociais", como "simpatia" e "sentimentos morais", também evoluem por meio da seleção natural e resultam no fortalecimento das sociedades ondem ocorrem.

Mas o apelo do darwinismo social às classes dominantes europeias foi mais forte que as ponderações de Darwin. No final do século XIX, o darwinismo social já era muito aceito e difundido na Europa. O best-seller do biólogo, médico e naturalista Ernst Haeckel (1834-1919), *Welträtsel* (algo como Quebra-Cabeça do Mundo), publicado em 1899, levou essa corrente filosófica a um grande público. Na Grã-Bretanha, o darwinismo social impulsionou amplas reformas sociais na primeira década do século XX. Nos Estados Unidos, escritores como o fundador da revista *Popular Science*, Edward Youmans (1821-1887), e o filósofo e historiador John Fiske (1842-1901) desenvolveram teorias de evolução social inspiradas por Herbert Spencer.

Essas visões conduziram a ações radicais, a uma verdadeira seleção artificial onde o Estado fazia o papel de criador e os cidadãos eram transformados em matrizes ou eram esterilizados.

Eugenia

No início do século XX, a popularidade e aceitação das teorias do darwinismo social levaram à implementação de políticas que visavam eliminar os indivíduos e populações tidos como indesejáveis e seus descendentes dos estratos sociais de certos países. As ideias de Herbert Spencer foram radicalizadas em um conceito conhecido como "eugenia", isto é, a noção de que é possível melhorar a população de uma nação por meio da aplicação de métodos de seleção artificial — os mesmos usados pelos fazendeiros e criadores para desenvolver novas raças de cães, gados, ou sementes. Em alguns países, esses programas se valeram de leis de esterilização compulsória direcionadas aos indivíduos "inadequados". Em sua forma mais extrema, o programa eugênico nazista, a chamada "Solução Final", regulamentou até mesmo a eutanásia dos indesejáveis.

Embora ambos afirmem que a inteligência e a aptidão são características hereditárias, a eugenia difere do darwinismo social ao propor intervenções — por vezes radicais — para a melhoria das características genéticas de uma dada população. Em geral, as políticas eugênicas eram divididas em duas categorias maiores. A primeira, a chamada "eugenia

Contextualização

negativa", visava o controle reprodutivo das pessoas com defeitos genéticos ou traços indesejáveis, impedindo que estas características tidas como negativas fossem transmitidas às gerações seguintes. Para tanto, utilizava-se a esterilização compulsória e outros métodos mais ou menos coercivos.

A segunda categoria de políticas eugênicas, a eugenia "positiva", buscava encorajar a reprodução entre aqueles que possuem características genéticas consideradas ideais. Algumas dessas abordagens incluíam a oferta de estímulo financeiro e político — como na Alemanha nazista.

Embora a eugenia tenha florescido na primeira metade do século XX, desde seus primórdios a humanidade lança mão de medidas eugênicas. Algumas culturas primevas possuíam práticas de controle da qualidade de suas populações. O infanticídio adotado por alguns povos nativos, como os ianomâmis da Amazônia, é um exemplo. Outras antigas civilizações, como Roma, Atenas e Esparta, também praticavam o infanticídio. Em Esparta, os recém-nascidos eram inspecionados pelos anciões da cidade, os quais decidiam o destino da criança. Se a criança fosse considerada incapaz, era abandonada para morrer.

As Doze Tábuas da Lei Romana, promulgadas no início da República, também abrangiam práticas eugênicas. A quarta tábua rezava que crianças deformadas deviam ser condenadas à morte. Além disso, os patriarcas romanos tinham o direito de "descartar" os filhos indesejados. Normalmente, isso era feito por meio de afogamento no rio Tibre. A prática de infanticídio no mundo antigo perdurou até a cristianização do Império Romano, no século IV da nossa era.

Até mesmo o filósofo Platão (428?-347 a.C.) defendia que a reprodução humana fosse monitorada e controlada pelo Estado. No entanto, para que não despertasse manifestações contrárias por parte do povo, Platão sugeriu uma espécie de loteria para a realização de casamentos. Em seu livro *A República*, o pensador propõe que os casais deveriam ser escolhidos por um "número de matrimônio", no qual a qualidade do indivíduo seria analisada em termos quantitativos: as pessoas com uma pontuação alta só teriam permissão de se reproduzir com outras que tivessem uma quantidade de pontos semelhante. Essa foi, provavelmente, uma das primeiras tentativas de se controlar matematicamente a herança genética de uma população.

Modernamente, a eugenia foi proposta pelo primo de Charles Darwin, o geógrafo, antropólogo, meteorologista, inventor e explorador Sir Francis Galton (1822-1911). Antes do desenvolvimento da genética, Galton argumentava que, como os traços físicos são herdados dos pais, a mesma coisa poderia se dizer das qualidades mentais. Galton desenvolveu suas ideias a partir de estatísticas sociais e as sistematizou de acordo com a descoberta da evolução do homem e dos animais feita por seu primo Darwin. Galton raciocinou que, como muitas sociedades humanas buscavam proteger os fracos e incapacitados, tais sociedades estavam na contramão da seleção natural e, por isso, estavam ameaçadas, uma vez que protegiam os mais fracos. O antropólogo concluiu que a sociedade só poderia ser salva de uma "volta à mediocridade" pela adoção de políticas sociais que garantissem a preservação e propagação dos mais aptos.

Contextualização

Galton apresentou o esboço da sua teoria pela primeira vez em 1865, em um artigo intitulado Hereditary Talent and Character (Talento e Caráter Hereditários), que foi desenvolvido posteriormente no livro *Hereditary Genius*, publicado em 1869. Ele começou seu estudo observando o modo pelo qual os traços humanos intelectuais, morais e de personalidade tendem a afetar as famílias. O argumento básico de Galton era de que "gênio" e "talento" eram traços hereditários — apesar de nem ele nem Darwin, nem qualquer outro, terem desenvolvido um modelo científico desse tipo de hereditariedade. Ele concluiu que, da mesma forma que se podia usar a seleção artificial para ressaltar os traços desejados nos animais domésticos, podia-se esperar resultados semelhantes da aplicação dessa prática nos humanos.

Galton usou pela primeira vez a palavra eugenia em seu livro *Inquiries Into Human Faculty and Its Development* (Investigação Sobre a Faculdade Humana e seu Desenvolvimento), publicado em 1873. Numa nota de rodapé, ele afirmou que o termo derivava do "grego, *eugenes*, isto é, *de boa origem; dotado hereditariamente de qualidades nobres*". Em 1904, ele estendeu ainda mais o significado do termo, definindo eugenia como "o estudo de todas as práticas sob o controle humano que podem melhorar ou prejudicar a qualidade racial das gerações futuras". Com o tempo, porém, o sentido desse "estudo" — hoje considerado uma pseudociência — assumiu diferentes significados, conforme seus muitos intérpretes. As muitas interpretações levaram a diferentes usos dos métodos eugênicos. Historicamente, o termo se refere a procedimentos que vão desde o cuidado pré-natal das mães até a esterilização forçada e à eutanásia de doentes mentais e outros. O rigor das políticas eugênicas dependia, de fato, do apoio da população que aceitava a flexibilidade moral do governo ou instituição que delas lançava mão.

Apesar da introdução do conceito, o próprio Galton não propôs quaisquer métodos de seleção. Ele esperava que a solução viesse de uma mudança moral advinda da percepção das pessoas quanto à importância da reprodução seletiva. Galton argumentava que a ética social precisava ser transformada de modo a manipular a hereditariedade com o objetivo de evitar que os membros das sociedades "menos aptos" se reproduzissem numa proporção maior do que a dos "mais aptos" — até mesmo porque, segundo ele mesmo, os menos inteligentes eram mais férteis do que os mais inteligentes.

Na percepção de Galton, instituições sociais, de caridade e filantrópicas eram prejudiciais, uma vez que permitiam que humanos "inferiores" sobrevivessem e se reproduzissem em níveis mais elevados do que os "superiores". Se não fossem tomadas providências, observava Galton, a sociedade ficaria repleta de "inferiores".

Charles Darwin leu atentamente a obra do seu primo e devotou algumas sessões de seu livro *A Descendência do Homem* para discutir suas teorias. O naturalista considerou as ideias de Galton sobre melhorias hereditárias "não praticáveis". Ciente das deficiências hereditárias em sua própria família, Darwin sabia que as pessoas se recusariam a participar dessa seleção. Ele achava inaceitável que um mecanismo compulsório fosse usado para a melhoria genética da humanidade. Darwin acreditava que o melhor seria divulgar o princípio

Contextualização

da hereditariedade e deixar que as pessoas decidissem por elas mesmas. O cientista observou também que uma das consequências dos avanços na medicina é a sobrevivência dos mais fracos e a possibilidade de eles terem famílias, transmitindo suas características às gerações seguintes.

Embora fosse contrário à seleção artificial na humanidade, Darwin propunha que os mais fracos e inferiores — por conta da seleção sexual, um conceito que ele introduz nesse livro — não se casariam com tanta facilidade, o que poderia ser um fator a restringir a disseminação dos genes inadequados. A seleção sexual, "a luta entre os indivíduos de um sexo, em geral os machos, pela posse do outro sexo", conforme definiu, leva à escolha instintiva de um parceiro saudável e apto para gerar a prole. A seleção sexual exerceria assim um papel regulamentador na sociedade humana.

Apesar das restrições feitas por Charles Darwin, a ideia proposta por Galton foi recebida com entusiasmo. A eugenia acabou sendo defendida por pessoas proeminentes, como o escritor H. G. Wells, o presidente americano Theodore Roosevelt, o escritor francês Emile Zola, o dramaturgo irlandês George Bernard Shaw, o economista John Maynard Keynes e o primeiro-ministro inglês Winston Churchill. O neto de Thomas Huxley, o biólogo Sir Julian Huxley, era membro da Bristish Eugenics Society (Sociedade Eugênica Britânica), defendendo e promovendo a proposta de Galton. Seu irmão, o escritor Aldous Huxley, explorou a ideia de uma sociedade eugênica em seu livro *Admirável Mundo Novo*.

A eugenia acabou se tornando tão proeminente no pensamento social do início do século XX que veio a ser estudada como disciplina acadêmica em muitas faculdades e universidades. Seus defensores a consideravam uma filosofia social legítima, uma vez que buscava a melhoria dos traços hereditários humanos. Isso culminou, nos anos 1920 e 1930, com a implementação da política eugênica de esterilização de doentes mentais em diversos países, entre eles os Estados Unidos, Bélgica, Canadá, Suécia e Alemanha. Até mesmo no Brasil a eugenia encontrou um campo fértil e se tornou uma orientação médica influente.

As "intervenções", defendidas e praticadas pelos eugenistas envolviam, principalmente, a identificação e a classificação de indivíduos considerados "degenerados" ou "inadequados". Tais políticas violavam a privacidade, denegriam a reputação dos indivíduos, ignoravam o direito à vida e à família. Eram claras transgressões aos direitos humanos. No caso mais extremo, o da Alemanha nazista, as práticas eugênicas incluíam também a eutanásia desses indivíduos. Não obstante a eugenia ter sido desacreditada após o Holocausto, em alguns países ela continuou ativa. O segundo maior programa eugênico já estabelecido, fundado pelo Partido Social Democrata da Suécia, continuou até 1975. Nos Estados Unidos, a última lei eugênica foi revogada apenas no final dos anos 1970.

Para esses primeiros eugenistas o principal fator a determinar a "degeneração" e "inadequação" de um indivíduo era a inteligência. Era este o princípio que determinava as diferenças sociais. De acordo com a visão eugênica, a pobreza era consequência da falta de aptidão mental — da falta de "gênio" e de "talento". Por conta disso, os partidários da

Contextualização

eugenia consideravam os testes de quociente de inteligência (QI) o maior indicativo de mérito humano, ignorando outras capacidades difíceis de mensurar neste tipo de teste, como, por exemplo, criatividade artística.

Nos Estados Unidos, os testes de QI eram determinantes para que os imigrantes obtivessem permissão para ficar no país. No entanto, o fato de poucos candidatos falarem o inglês comprometia os resultados dos testes, indicando que os novos imigrantes eram pouco inteligentes. Para piorar, sua alta taxa de natalidade indicava que estavam disseminando genes inferiores na população americana em uma proporção elevada. A fim de reduzir a proporção dos "menos adaptados" na sociedade, os eugenistas americanos, então, promoveram campanhas que levaram à restrição da entrada de imigrantes da Europa oriental e mediterrânea — os países de origem da maioria dessas pessoas.

Com o tempo, o método revelou ser falso. Ao longo do século passado, novas políticas sociais reduziram a discriminação e aumentaram as oportunidades de trabalho, promovendo efeitos benéficos aos imigrantes e seus descendentes, inclusive melhorias sociais e econômicas, o que os levou a se equiparar, nos testes de QI, com os americanos já estabelecidos há gerações. Entre os anos 1930 e 1980, a média nesses testes dos brancos descendentes de imigrantes de países mediterrâneos e do leste europeu aumentou em torno de 14 pontos.

A dos negros também, embora não tanto. As mudanças nas médias indicam que os resultados dos testes não são determinados unicamente por fatores genéticos, mas também são sensíveis à educação, oportunidade social e acesso à cultura.

Vale lembrar que os negros estão nos Estados Unidos há quase 400 anos. Contudo, foi apenas depois da Segunda Guerra — mas ainda mais a partir dos anos 1970 — que conquistaram seus direitos civis.

Racismo

Embora o racismo continue sendo uma realidade nos Estados Unidos, novas leis e padrões de tolerância protegem a dignidade da minoria negra e apoiam o seu desenvolvimento social. De certa forma a comunidade negra americana recém-iniciou a jornada que muitos imigrantes brancos levaram duas ou três gerações para completar. No Brasil, apesar das cotas universitárias reservadas aos afrodescendentes, a jornada rumo à inclusão continua sendo uma meta distante.

Além de discriminar os membros das comunidades pela inteligência, as políticas eugênicas também determinavam a proibição da miscigenação, considerada prejudicial e que deveria ser evitada em nome da pureza racial. Os países que adotaram essa posição de maneira mais ostensiva foram a África do Sul e os Estados Unidos, os quais criaram regimes e leis segregacionistas que negavam os direitos civis das populações negras.

Na África do Sul, o regime de apartheid impedia que negros, mestiços, indianos — cuja população é significativa nesse país — ou outras etnias diferentes da caucasiana, usufruíssem os direitos básicos de cidadania. Eles não podiam votar, candidatar-se a cargos públicos, assumir posições proeminentes nas instituições acadêmicas e governamentais,

Contextualização

não tinham direito a frequentar estádios, autódromos, campos de golfe, não podiam, enfim, participar de nenhum aspecto da vida social estabelecida pela população branca.

Nos Estados Unidos, o segregacionismo foi incentivado pelo governo de muitos estados antes mesmo da popularização da eugenia. Entre 1876 e 1965, a maioria dos estados americanos sustentava a segregação através das "leis de Jim Crow" — assim chamadas por causa de um famoso personagem negro de espetáculos itinerantes. Essas leis previam punição legal às pessoas que mantinham relacionamentos interraciais, proibindo o casamento entre negros e brancos e obrigando os estabelecimentos comerciais a manter separados os clientes de raças diferentes.

Com a abolição da escravatura, as leis de Jim Crow abrandaram, mas não foram revogadas. Mesmo livres, os negros eram impedidos, mais do que oficialmente proibidos, de votar e de participar de muitas atividades sociais. Na verdade, a lei estava nas mãos dos magistrados brancos que julgavam e puniam o comportamento dos afro-americanos segundo seus próprios conceitos.

No sul do país, a segregação racial era garantida e aplicada pela Good ol' Boys Network, que poderia ser traduzida como "Associação dos Bons Garotos". Tratava-se de uma sociedade secreta racista, conservadora, protestante e fundamentalista. No entanto, quem mais se destacou entre esses grupos na feroz manutenção da condição social que os brancos pretendiam para os negros foi a Ku Klux Klan.

Originalmente organizada no inverno de 1865-66, em Pulaski, Tennessee, a Ku Klux Klan foi concebida como uma fraternidade, por seis veteranos confederados. O nome da organização era derivado de Kuklos, palavra grega que significa "círculo", mais o termo inglês clan, ou clã, ou seja, o Clã do Círculo.

Logo, a KKK se espalhou por todos os estados do Sul dos Estados Unidos, incluindo em suas fileiras prefeitos, juízes, xerifes e até mesmo criminosos comuns. Os esforços da KKK eram — e continuam a ser — no sentido de se opor a qualquer concessão de direitos a todo grupo racial não branco, bem como a católicos, homossexuais e, mais tarde, comunistas. O grupo ficou notório por usar violência e intimidação como meios de impor seu projeto. Calcula-se que a KKK tenha assassinado mais de 50 mil pessoas desde sua fundação. Seus alvos principais eram os líderes e políticos negros, os quais eram sistematicamente executados.

Essa política segregacionista americana foi estimulada ainda mais pela proposta eugênica. A eugenia justificava aquilo que já havia sido instituído. De fato, por conta da predisposição ao racismo latente na sociedade americana, o movimento eugênico foi particularmente rigoroso naquele país, sendo apoiado por personalidades e instituições como o Partido Democrático, a Academia Nacional de Ciências, a Associação Médica Americana e o Conselho Nacional de Pesquisa. Pesquisas eugênicas foram patrocinadas por instituições filantrópicas e conduzidas por universidades prestigiosas. O tema era ensinado no nível intermediário e superior como uma aplicação natural do conhecimento sobre criação trazido à esfera humana.

Contextualização

Esterilização

Um dos primeiros defensores da eugenia na América do Norte foi o inventor do telefone, Alexander Graham Bell (1847-1922). Em 1881, Bell investigou a taxa de surdez em Martha's Vineyard, Massachusetts. A partir desse estudo, ele concluiu que a surdez era hereditária e sugeriu, numa palestra apresentada na Academia Nacional de Ciências, em novembro de 1883, que casais que fossem ambos surdos não deveriam se casar.

No programa eugênico americano também foi considerada a ideia de Galton de "gênio" e "talento", difundida, principalmente, pelo professor da Universidade de Yale William Graham Sumner (1840-1910). Ele afirmava que, se o governo não influísse na política social, uma classe de gênios chegaria naturalmente ao topo do sistema de estratificação social e seria seguida por uma classe de talento. A grande maioria da sociedade permaneceria, porém, na classe da mediocridade. Sumner defendia que os considerados inadequados, isto é, mentalmente incapazes ou com deficiências físicas, tinham um efeito negativo no progresso social, pois consumiam recursos necessários à sociedade. Deveriam, portanto, ser deixados por conta própria para tentar sobreviver ou perecer. Já aqueles que pertencessem à classe dos delinquentes deviam ser sumariamente eliminados da sociedade.

Dessa forma, nos Estados Unidos, as distinções biológicas que preocupavam os partidários da eugenia não eram relacionadas apenas aos brancos e negros, mas aos fatores que eles acreditavam dividir os brancos — diferenças entre brancos "legítimos", isto é, anglo-saxões e protestantes, e os numerosos imigrantes católicos e judeus da Europa oriental e mediterrânea. No auge do movimento eugênico americano, entre os anos de 1910 e 1930, 24 estados aprovaram leis de esterilização, e o Congresso promulgou leis que restringiam a imigração de pessoas provenientes de certas áreas do globo.

O Ato de Imigração de 1924 recebeu grande influência dos eugenistas. A lei reduzia o número de imigrantes a 15% dos anos anteriores com a intenção de controlar o número de indivíduos "inadequados" no país. Temendo que a população americana fosse "poluída" por imigrantes considerados inferiores, tanto os Estados Unidos como o Canadá criaram leis que estipulavam uma hierarquia de nacionalidades que ia dos desejados anglo-saxões e nórdicos aos menos desejáveis chineses e japoneses, os quais eram praticamente proibidos de entrar no país.

Mas se o tratamento aos imigrantes era severo, as leis de esterilização compulsória foram, provavelmente, a medida mais radical dos eugenistas americanos. Insistindo na ideia de que as doenças mentais persistiam nas famílias, o movimento eugênico promoveu diversos estudos para documentar a hereditariedade de doenças como esquizofrenia, desordem bipolar e depressão. As constatações das pesquisas foram usadas para fomentar a aprovação de leis estaduais que não só proibiam o casamento entre pessoas "inaptas", mas forçavam sua esterilização.

Além das leis segregacionistas de Jim Crown, as quais já estavam em vigor antes do auge do movimento eugênico,

Contextualização

foram promulgadas leis que fomentavam promover a eugenia negativa até mesmo entre os brancos. Em 1896, o estado de Connecticut aprovou leis que proibiam o casamento de qualquer um que fosse "epilético, imbecil ou de mente fraca". Imediatamente outros estados adotaram a legislação. Onze anos depois, em 1907, o estado de Indiana foi o primeiro a promulgar uma lei que determinava a esterilização compulsória de certos indivíduos. Ao todo, 30 dos 50 estados americanos estabeleceram programas de esterilização compulsória. Essas leis foram confirmadas pela Suprema Corte dos Estados Unidos em 1927 e só foram abolidas nas últimas décadas do século passado.

O período mais significativo de esterilização compulsória nos Estados Unidos foi de 1907 a 1963, quando mais de 64 mil pessoas foram obrigadas a se submeter ao processo. O estado da Califórnia foi o detentor do maior número de esterilizações. Só na Virginia, tendo início em 1924, mais de sete mil pessoas consideradas geneticamente inferiores — em sua maioria pobres, sem educação formal, negros ou pessoas com deficiência mental — foram esterilizadas à força. A primeira dessas pessoas foi uma mãe solteira de dezoito anos, Carrie Buck. Em 2003, o governo da Virginia ofereceu desculpas públicas pela esterilização forçada de milhares de cidadãos no programa eugênico promovido no século XX. A Virginia manteve seu programa até 1979. O último estado americano a revogar as leis de esterilização compulsória foi Oregon, que manteve essa lei até 1983, sendo que o último procedimento foi realizado em 1978.

LINHA DO TEMPO
DE CHARLES DARWIN

1809

- 12 de fevereiro: Darwin nasce.
- Em 6 de janeiro, durante as Guerras Napoleônicas, as Forças Combinadas Britânicas, Portuguesas Metropolitanas e Luso--Brasileiras Coloniais iniciaram a Invasão de Caiena.
- Em 12 de janeiro, a Guiana Francesa foi ocupada pelo Brasil, resultando na formação da Colônia de Caiena e Guiana.

1818

- Setembro: Darwin ingressa na Escola Shrewsbury.
- Após a morte de sua mãe em 1817, Charles Darwin ingressou na Shrewsbury School como interno, com seu irmão mais velho Erasmus.
- A primeira transfusão de sangue com sangue humano é realizada pelo Dr. James Blundell.
- *Frankenstein, ou o Prometeu Moderno* de Mary Shelley é publicado.
- Fundada a cidade de Nova Friburgo, no Estado do Rio de Janeiro, da região serrana fluminense.
- Independência do Chile.

Contextualização

1825

- Outubro: Darwin começa a estudar Medicina na Universidade de Edimburgo. Ele não suporta ver sangue, então em 1828 ele ingressa no Christ's College, em Cambridge, para estudar para um diploma geral que pode levá-lo a se tornar um clérigo anglicano. Em ambas as universidades se mostra mais interessado em história natural do que em seus estudos regulares.
- Os primeiros ônibus puxados por cavalos começam a operar em Londres.
- Início da Guerra da Cisplatina, entre Brasil, Argentina e Uruguai. O Brasil foi derrotado e perdeu a província do Uruguai.
- Nasce Dom Pedro II na cidade do Rio de Janeiro. Ele governaria o Brasil como imperador de 1831 a 1889.
- Frei Caneca, religioso e político brasileiro, líder da Confederação do Equador é executado no Forte de São Tiago das Cinco Pontas.
- Portugal reconhece a soberania brasileira, mas exige o pagamento de dois milhões de libras esterlinas como condição. O Brasil recorreu aos banqueiros ingleses para obter o empréstimo necessário, mas parte do dinheiro acabou não sendo liberado, já que Portugal tinha dívidas com muitos desses bancos.

1831

- Agosto: Darwin recebe uma oferta única na vida ao ser convidado a se juntar ao HMS Beagle em uma viagem de pesquisa ao redor do mundo.

- Dezembro: Darwin junta-se à viagem do Beagle. A viagem dura cinco anos e o leva ao redor do mundo.
- Michael Faraday, cientista inglês, e Joseph Henry, cientista americano, descobriram independentemente o fenômeno da indução eletromagnética entre dois circuitos separados.
- 7 de abril: Dom Pedro I abdica do trono brasileiro em favor do filho.
- 13 de abril: O Hino Nacional do Brasil é executado pela primeira vez.
- 13 de abril: Dom Pedro I volta a Portugal junto com a imperatriz D. Amélia. O Hino Nacional Brasileiro é executado pela primeira vez.
- 13 a 14 de abril: Confrontos entre nacionalistas e absolutistas no Rio de Janeiro, Noite das Garrafadas.
- 18 de junho: A Regência Trina Permanente, composta por Francisco de Lima e Silva, José da Costa Carvalho e João Bráulio Muniz, é eleita pela Assembleia Geral.
- 18 de agosto: A Guarda Nacional é criada, esvaziando o Exército brasileiro.
- 12 de setembro: Revolta contra os portugueses em São Luís do Maranhão faz 300 vítimas.
- 14 de setembro: Setembrada, revolta de soldados do 14º Batalhão de tropa de linha com a adesão de outros corpos, em Recife, Pernambuco.
- 7 de novembro: Lei Feijó: Declaração de liberdade a todos os escravos que entrassem no Império a partir desta data por lei.

Contextualização

1833

- Março: Darwin encontra dois novos tipos de sociedade humana: a escravidão no Brasil, que o deixa profundamente chocado, e depois conhece os nativos da Terra do Fogo.
- Lei de Abolição da Escravatura de 1833. A Lei do Reino Unido aboliria a escravidão em todo o Império Britânico. A lei aplicava-se apenas aos menores de seis anos. Os mais velhos foram obrigados a se tornar aprendizes até 1838, quando homens, mulheres e crianças escravizados do Império Britânico foram libertados.

1839

- 29 de janeiro Darwin se casa com Emma Wedgwood, sua prima em primeiro grau. Eles têm dez filhos (três morrem na infância) e continuam devotados um ao outro. Emma e as crianças desempenham papéis importantes na coleta de dados, no contato com correspondentes e na ilustração e edição do trabalho de Darwin.
- O primeiro telégrafo elétrico do mundo entra em operação.
- Durante a Revolução Farroupilha (1835-1845), no Rio Grande do Sul, sob a liderança do general Davi Canabarro e do revolucionário italiano Giuseppe Garibaldi, as forças farroupilhas conquistaram a cidade de Laguna, em Santa Catarina, e proclamaram a República Juliana. No entanto, a república foi extinta ainda no mesmo ano, após a Retomada de Laguna.
- Início da Guerra do Ópio entre a China e a Inglaterra.

1859

- 24 de novembro *A Origem das Espécies* é publicado. É imediatamente um best-seller, mas a opinião sobre seu argumento para a evolução está dividida.
- Elizabeth Blackwell se torna a primeira médica a ser inscrita no Registro Médico do Reino Unido.
- O relógio do Palácio de Westminster entra em operação e passa a ser conhecido como Big Ben.

1871

- Fevereiro e março: *A Descendência do Homem e a Seleção em Relação ao Sexo* é publicado. O segundo livro de Darwin sobre teoria da evolução enfoca a evolução humana e a seleção sexual. Sua inclusão de seres humanos na ordem natural leva Darwin a ser amplamente satirizado como um macaco na mídia.
- O censo no Reino Unido é o primeiro a registrar o status econômico e mental.
- Promulgada a Lei do Ventre Livre, que dava liberdade aos filhos de escravos nascidos no Brasil.
- Comuna de Paris, uma das mais importantes insurreições populares do século XIX.
- Após a vitória da Prússia sobre a França na Guerra Franco-Prussiana, a Confederação da Alemanha do Norte uniu-se com a Baviera para formalizar a unificação alemã. Isso resultou na formação do Império Alemão, com o Rei Prussiano Guilherme I sendo coroado como Kaiser (Imperador).

Contextualização

1872

- Novembro: Darwin publica *A Expressão das Emoções no Homem e nos Animais*. Como parte de sua pesquisa, ele testa a capacidade de reconhecer expressões faciais em seus amigos e familiares.
- Assinado o tratado de paz entre o Brasil e o Paraguai, dois anos depois do fim da Guerra do Paraguai.

1875

- Julho: Darwin publica *Plantas Insetívoras*, dezesseis anos depois de fazer suas primeiras observações sobre esses organismos. Ele é fascinado pela capacidade dessas plantas carnívoras de digerir alimentos de maneira semelhante aos animais.
- Início da imigração italiana ao Brasil, com a chegada de 150 imigrantes italianos com o navio Rivadávia.
- O primeiro número da *Gazeta de Notícias* é publicado no Rio de Janeiro.
- Fundação do jornal *O Estado de S. Paulo*.
- Começa o serviço telegráfico entre o Rio de Janeiro e as províncias da Bahia, de Pernambuco e do Pará.
- O Reino Unido adquire o controle do Canal de Suez através da compra de 176.602 ações do Egito.

1881

- 1 de maio: Darwin publica seu último livro, *A Formação de Bolor Vegetal Através da Ação de Vermes*. Darwin trocou cartas

sobre vermes desde a década de 1830, reunindo informações de correspondentes do mundo todo.
- Promulgada a Lei Saraiva, que estabelece o título de eleitor, eleições diretas, voto secreto e o alistamento militar.
- Júlio César Ribeiro de Sousa realiza o primeiro voo público de um balão dirigível Le Victoria em Paris, na França.
- O czar da Rússia Alexandre II é assassinado pelo grupo revolucionário Narodnaya Volya; é sucedido por seu filho Alexandre III.

1882

- 19 de abril: Darwin morre. Após petições de amigos e colegas, foi acordado que Darwin deveria receber um funeral cerimonial e ser enterrado na Abadia de Westminster, em vez de no cemitério de Saint Mary, em Downe.
- Exposição antropológica de 1882: um dos eventos científicos mais importantes do Brasil no século XIX, realizada pelo Museu Nacional do Rio de Janeiro e fortemente influenciada pelo Darwinismo.
- Horand von Grafath apresentou o primeiro pastor-alemão de capa preta ao mundo na feira de novidades de Hanôver, na Alemanha. O cão foi considerado o "cão perfeito" e marcou o início da popularidade da raça pastor-alemão em todo o mundo.

CONTEÚDOS EXTRAS

A Editora Guri é comprometida em promover a educação, a cultura e a acessibilidade por meio de publicações de qualidade. Nossas obras abrangem desde a educação infantil até o ensino de jovens e adultos (EJA), contemplando uma ampla variedade de faixas etárias e necessidades educacionais.

Nosso diferencial está em ir além do livro tradicional. Todas as nossas obras são acompanhadas por recursos adicionais que ampliam a experiência de leitura e aprendizado. Esses extras incluem guias de leitura, cadernos de atividades, audiolivros com descrição de imagens, vídeos animados legendados em Libras e videoaulas que auxiliam os estudantes a explorar e compreender melhor os clássicos da literatura. Queremos formar leitores que estabeleçam uma relação de afeto com a leitura.

Acreditamos na importância da acessibilidade e inclusão, por isso buscamos oferecer recursos que permitam que todos tenham acesso às nossas publicações. Desejamos ser reconhecidos como uma editora que vai além do livro, proporcionando uma experiência enriquecedora para os leitores.

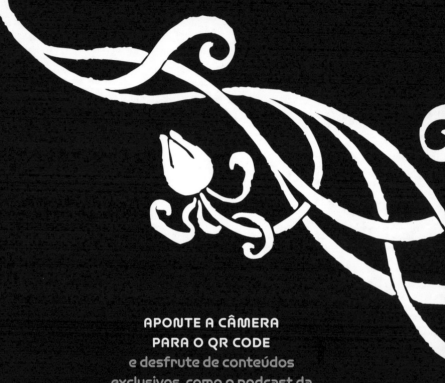

**APONTE A CÂMERA
PARA O QR CODE**
e desfrute de conteúdos
exclusivos, como o podcast da
entrevista do autor com
Maria Alice Fiuza, guia de leitura,
textos extras e muito mais!

Sobre o Autor

Claudio Blanc diz acreditar que todo mundo tem uma lenda para viver, e que a dele é ser escritor. Viajar o mundo — o de sonhos e o real — e contar o que viu.

Só que isso não aconteceu de imediato. Na verdade, nem passava pela sua cabeça se tonar escritor. Claudio conta que escolheu sua primeira faculdade pensando no mercado de trabalho. Por isso estudou Economia e seguiu uma carreira promissora, passando por duas multinacionais. Mas ele descobriu que essa não era a sua lenda. E logo Claudio "virou a própria mesa" e saiu em busca do seu melhor.

Fez várias viagens pelo interior do Brasil e a países de todos os continentes, buscando conhecer os filhos dessas terras e aprender com eles maneiras diferentes de ver o mundo. Esteve no Himalaia, onde entrou em contato com místicos e iogues; ouviu mitos e lendas de indígenas no Brasil, Peru e América do Norte; e viajou pela África do Sul e pelo norte da Europa em busca da sabedoria dos povos antigos. E, com isso tudo, ele acabou mergulhando de cabeça nos mitos, lendas e artes que marcam as culturas de todo o mundo.

Esse material todo, recolhido em viagens, pedia para ser aprofundado. Por isso, Claudio estudou e se especializou em Filosofia e passou a pesquisar continuamente sobre Literatura e Mitologia, além de outras áreas de seu interesse.

Desde então, essa é a matéria-prima de seu trabalho. Claudio escreve tanto para jovens como para o público adulto sobre História, Filosofia, Mitologia e Literatura. Seu livro *Avantesmas* foi finalista do Prêmio Jabuti e selecionado para o programa Minha Biblioteca, do Estado de São Paulo. Além de autor, Claudio também é editor e tradutor, com quase 50 livros traduzidos nas mesmas áreas em que escreve.

Em um de seus livros, ele conta sobre seu trabalho:

"Sempre fui fascinado por histórias a ponto de me tornar um colecionador delas. Penso como o escritor norte-americano Paul Auster, que disse que as pessoas precisam de histórias tanto quanto necessitam de ar e de alimento. Elas nos mostram caminhos, transportam nossa mente no tempo, criam emoções, informam, fascinam e nos tornam mais sábios. As histórias, de certa forma, nos aproximam da magia.

E por gostar tanto de histórias, tornei-me escritor, jornalista, tradutor e editor. Assim, elas se tornaram o objeto e objetivo do meu trabalho. Por meio das histórias, desperto a memória dos mortos, visito eras passadas, viajo para países e mundos exóticos, conheço usos e costumes, modos e maneiras de todos os homens e mulheres que já viveram neste planeta e converso, pelo texto, com as mentes mais brilhantes, vivas ou finadas. Porque é isso que acontece com qualquer um que lê, ouve o reconta uma história: uma verdadeira mágica."

Darwin, A Revolução da Evolução é resultado deste mergulho que Claudio fez no mundo da imaginação e das ideias. Tem muito da sua exploração da realidade humana e da diversidade natural do planeta, do seu amor pelas viagens e pelo conhecimento. E tem, também, um grande desejo de despertar em você, leitor, a curiosidade e o respeito pela ciência, pela vida e por esse mundo maravilhoso que é a nossa casa, a Terra.

E-Referências

BBC News. *Virginia apologizes for eugenics policy*. Disponível em: http://news.bbc.co.uk/2/hi/americas/1965811.stm. Acessado em 09.03.2022.

BBC News. *Chinese scientists back eugenics.* Disponível em: http://news.bbc.co.uk/2/hi/asia-pacific/198555.stm. Acessado em 13.08.2022.

BOSTROM, Nick *The Future of Human Evolution*, in http://www.nickbostrom.com/fut/evolution.html, Acessado em 12.06.2022.

DARWIN, Charles. *On the Origin of Species by Means of Natural Selection, or the Preservation of Favoured Races in the Struggle for Life.* Disponível em: http://darwinonline.org.uk/content/frameset?itemID=F373&viewtype=text&pageseq=1. Acessado em 06.03.2022.

_____ *The Autobiography of Charles Darwin 1809-1882 With Original Omissions Restored Edited With Appendix And Notes By His Grand-Daughter Nora Barlow.* Disponível em: http://darwinonline.org.uk/content/frameset?itemI-D=F1497&viewt ype=text&pageseq=1. Acessado em 17.01.2022.

_____ *The Descent of Man, and Selection in Relation to Sex.* Disponível em: http://darwinonline.org.uk/content/frameset?itemID=F955&viewtype=text&pageseq=1. Acessado em 15.01.2022.

_____. *Darwin's Correspondence Project.* Disponível em: in http://www.darwinproject.ac.uk/. Acessado em 13.09.2022.

GALTON, Francis. *Inquiries into Human Faculty and Its Development.* Disponível em: http://mirror.pacific.net.au/gutenberg/1/1/5/6/11562/11562-h/11562-h.htm e http://galton.org/books/human-faculty/. Acessado em 12.06.2022.

_____ *Hereditary Genius.* Disponível em: http://galton.org/books/hereditary-genius/text/pdf/galton--1869-genius-v3.pdf. Acessado em 13.02.2010.

HOBBES, Thomas. *Leviathan, or the Matter, Forme, & Power of a Common-Wealth Ecclesiastical and Civill.* Disponível em: http://www.gutenberg.org/dirs/etext02/lvthn10.txt. Acessado em 03.11.2009.

MARCY, Sam. *Marx, Darwin, and the upheaval in the biological sciences.* Disponível em: www.workers.org/2009/world/marx_darwin_0219/, 09/02/09. Acessado em 30 de abril, 2022.

MARTY, Christoph. *Darwin on a Godless Creation: "Its like confessing to a murder.* Scientific American. Disponível em: https://www.scientificamerican.com/articlecharles-darwin-confessions/. Acessado em 12 de junho, 2009.

MOON, Peter. *A Evolução Humana Está Acelerando.* Disponível em: http://revistaepoca.globo.com/Revista/epoca/0,,EMI260215224,00A+EVOLUCAO+HUMANA+ESTA+ACELERANDO.html Acessado em 15.06.2022.

ROMANINI, Carolina. *Onde Darwin é só mais uma Teoria.* Veja de 11 de fev., 2009. Disponível em: http://veja.abril.com.br/110209/p_084.shtml. Acessado em: 09.03.2010.

Referências

ACZEL, Amir. *O crânio e o Jesuíta: Teilhard de Chardin, Evolução e a Busca pelo Homem de Pequim.* Tradução de Claudio Blanc. Rio de Janeiro: Ediouro, 2009.

ANKERBERG, John; WELDON, John. *Darwin's Leap of Faith.* Eugene: Harvest House Publishers, 1998.

ARIES, Philippe; DUBY, George. *História da Vida Privada, v.4: Da Revolução Francesa à Primeira Guerra.* São Paulo: Companhia das Letras, 2006.

ASLAN, Reza. *How to Win a Cosmic War: God, Globalization, and the End of The War on Terror.* Nova York: Random House, 2009.

BANNISTER, Robert C. *Social Darwinism: Science and Myth in Anglo-American Social Thought.* Filadélfia: Temple University Press, 1979.

BARREIRO, L.B. et al. *Natural selection has driven population differentiation in modern human.* Nature Genetics, vol. 40, n° 3, pp. 340-345, mar., 2008.

BLANC, Claudio. *As Máscaras de Deus.* Vida & Religião. São Paulo, nr. 6, pp. 29-36, out./nov., 2005.

_____ *O Apartheid Americano.* Grandes Líderes da História — Martin Luther King. São Paulo, pp. 14-16, jan. 2006.

_____ *As Consequências do Holocausto no Judaísmo.* Vida & Religião. São Paulo, nr. 1, pp. 30-39, out./nov. 2004.

_____ *Extinção em Massa.* Mundo em Foco Edição Especial — Aquecimento Global. São Paulo, pp. 13-15, ago. 2007.

_____ *Vida Extra Terrestre.* Conhecer Fantástico Edição Especial — Vida Extraterrestre. São Paulo, pp. 4-11, fev. 2005.

_____ *A Expulsão do Paraíso.* Mistérios do Tibete. São Paulo, pp. 12-21, mar., 2005.

BLOOM, Harold — *Jesus e Javé: os nomes divinos.* Tradução de José Roberto O Shea. Rio de Janeiro: Objetiva, 2006.

BOSTROM, Nick. *Death and Anti-Death: two hundred years after Kant, fifty years after Turing.* Ann Arbor: Ria University Press, 2004.

BRANCH, Glenn; SCOTT, Eugenie C. — *Manobras mais Recentes do Criacionismo.* Scientific American Brasil. São Paulo, n° 81, pp. 82-89, fev., 2009.

BUENO, Eduardo Brasil: uma História, a incrível saga de um país — Editora Ática — 2003.

CALDEIRA, Jorge; CARVALHO, Flávio de; MARCONDES, Cláudio; PAULA, Sergio Goés de. *Viagem pela História do Brasil.* São Paulo: Companhia das Letras, 1997.

CAMPBELL, Joseph; Moyers, Bill. *The Power of Myth.* Nova York: Anchor Books, 1992.

CARELLI, Gabriela. *A Darwin o que é de Darwin.* Veja. São Paulo, no 2099, pp. 72-83, 11 de fev., 2009.

COCHRAN, Gregory; HARPENDING, Henry. *The 10.000 year explosion: how civilization accelerated human Evolution.* Basic Books, 2009.

DARWIN, Charles. *Viagem de um Naturalista ao Redor do Mundo, vol-I, África, Brasil e Terra do Fogo, e vol-II, Andes, ilhas Galápagos e Austrália.* Tradução de Pedro Gonzaga. Porto Alegre: L&P Pocket, 2008.

DAWKINS, Richard. *The Selfish Gene.* Oxford: Oxford University Press, 2006.

ESCOBAR, Herton. *Darwin 150 anos depois.* O Estado de São Paulo. São Paulo, 22 de nov., 2009, Caderno Vida&, p. A 24.

GAJARDONI, Almyr. *Darwin no Brasil.* Carta Capital. São Paulo, 25 de fev., 2009.

GOMES, Laurentino. *1808: como uma rainha louca, um príncipe medroso e uma corte corrupta enganaram Napoleão e mudaram a História de Portugal e do Brasil.* São Paulo: Planeta, 2008.

HERRNSTEIN, Richard; MURRAY, Charles. *The Bell Curve.* Free Press, 1994.

ISRAEL, Jonathan I. *Iluminismo Radical.* Tradução de Claudio Blanc. São Paulo: Madras, 2008.

JOHNSON, Paul D. *Contemporary Sociological Theory: An Integrated Multi-Level Approach*: Springer, 2008.

KEVLES, Daniel. *In the name of eugenics: Genetics and the uses of human heredity.* Knopf, 1985.

LELOUP, Jean-Yves. *Cuidar do Ser: Fílon e os Terapeutas de Alexandria.* Tradução de Regina Fittipaldi, Ephraim Ferreira Alves, Lucia Mathilde Endlich Orth, Jaime Clasen. Petrópolis: Editora Vozes, 2003.

LENIN, Vladimir. *Lenin's Collected Works*, volume 1. Londres: LW Books, s/d.

LEONARD, John et al. *The New York Times Guide to Essential Knowledge.* Nova York: St. Martin's Press, 2004.

LIZOT, Jacques. *Tales of the Yanomani: daily life in the Venezuelan forest.* Cambridge: Cambridge University Press, 1991.

LÖSCHNER, Renate; KIRSCHSTEIN-GAMBER, Birgit. *Viagem ao Brasil do Príncipe Maximiliano de Wied-Neuwied.* Tradução de Álvaro Alfredo Bragança Júnior e Ingeborg Mathilde Hartl. Petrópolis: Kapa Editorial, 2001.

MORA, José Ferrater — *Dicionário de Filosofia.* São Paulo: Martins Fontes, 2001.

RIAZANOV, David (editor) — *Karl Marx: Man, Thinker and Revolutionist.* s/l: Marx Engels Institute, s/d.

ROBERTS, J. M. — *O Livro de Ouro da História do Mundo: Da Pré-História à Idade Contemporânea.* Rio de Janeiro : Ediouro, 2000.

STEPAN, Nancy Leys — *Eugenics in Latin America: Its Origins an Institutional Ecology, Racial Poisons & The Politics of Heredity in Latin America in the 1920 s. In The Hour of Eugenics: Race, Gender and Nation in Latin America.* Ithaca: Cornell University Press, 1991.

STIX, Gary. *O Legado Vivo de Darwin.* Scientific American Brasil. São Paulo, no 81, pp. 26-31, fev., 2009.

SYDERMAN, Mark; HERRNSTEIN, Richard. *Intelligence tests and the Immigration Act of 1924.* American Psychologist. Washington, no 38, pp. 985-995, set., 1983.

UREÑA, Enrique M. *A note on "Marx and Darwin".* Madri: Universidad Pontificia de Comillas, 1981.

WARD, Peter. *Que Futuro Espera pelo Homo Sapiens?* Scientific American Brasil. São Paulo, no 37, p. 58, fev., 2009.

_____ *Future Evolution.* Londres: W.H. Freeman, 2001.

WHITBY, Blay. *Inteligência Artificial: um guia para iniciantes.* Tradução de Claudio Blanc. São Paulo: Madras, 2004.